이번 생에 실장은 처음이라

이번생에
실 장 은
처음이라

구민경 지음

차례

프롤로그 _8

나는 평범한 치과위생사이자 치과실장이다. 이직률이 높고 직업 수명이 짧은. 그래서 연차가 쌓일수록 불안했다. 원장님 다음으로 높은 직급인 실장인데, 앞으로 과연 얼마나 더 오래 일할 수 있을지, 나를 써 주는 사람이 계속해서 있을지 의구심이 들었다. 그래서였을까? 나를 채우기 위한 방편으로 각종 세미나와 교육을 찾아다녔다. 더군다나 4년차라는 다소 낮은 연차에 실장이 되다 보니 부족함이 많았다. 옆에서 알려 주는 사람 하나 없이 모든 일을 알아서 해야 하는 시스템도 한몫했다. 나도 잘 모르는데 책임감을 가지고 일하려니 힘들었다. 그러나 그때의 나는 절실했다. 여러 기관에 전화도 해 보고 세미나를 다니며 닥치는 대로 채워 넣었다. 그렇게라도 해야 실장의 자리를 견뎌낼 수 있을 것 같았다. 처음에는 다양한 강사들을 만나고, 강의들을 듣는 것이 도움이 되는 것처럼 느껴졌다. 그러나 공부를 하면 할수록, 세미나를 들으면 들을수록 언젠가부터는 만족스럽지 않게 되었다. 혼자서 모든 것을 해내려 하다 보니 외로웠고, 잘하고 있는 것인지 아닌지 확인할 길이 없었기 때문이었다.

그때 찾은 것이 '병원전문강사'였다. 그동안 나는 강사는 대단한 사람만 할 수 있는 것이라고 생각했다. 욕심은 있었지만 과연 내가 누군가에게 어떠한 지식을 알려 주고 이끌어 갈 수 있을지 자신이 없었다. 하지만 다온C.S.M컴퍼니 이세리 대표를 만나고 나서는 생각이 바뀌었다.

"대단한 사람만 사람들 앞에 나와서 강의를 할 수 있다고 생각하지 마세요. 지금도 당신이 겪고 있는 똑같은 문제 때문에 힘들어하는 사람들이 많아요. 이미 그것을 다 견뎌내고 지나왔기 때문에 별것 아니라고 생각하지만 지금 당장 그들에게는 대단한 것이 아니라 현 상황에서 무엇을 그리고 어떻게 해 나가야 하는지 아는 게 중요해요. 그러니 대단해지려고 하지 말고 지금 상황에서 병원종사자들에게 알려 줄 수 있는 강의를 만들어 주세요."

이 말은 내게 큰 울림을 주었고 지금까지도 내 삶의 지침이 되고 있다.

강사에 도전하기 전에도 그러했던 것처럼, 책도 본인 분야에서 성공한 전문가들만 쓸 수 있는 거라고 생각했다. 내가 울고 웃으며 용기를 냈던 책들이 모두 그런 사람들이 쓴 책이었다. 아니, 그런 사람들이 쓴 책이라고 생각했다. 그러나 현장에서 만나게 되는 직원들, 강의에서 만나는 선생님들의 고민이 내가 예전에 했던 고민들과 크게 다르지 않다는 걸 알게 되었다. 먼저 그 일을 겪어 본 내가 들려주는 직장으로서의 병원 이야기와 위로 그리고 응원이 누군가에게는 큰 힘이 되어 주기도 했다. 그래서 그들에게 병원생활에 도움이 되었으면 하는 마음으로 한 자, 한 자 적다 보니 어느새 책 한 권이 완성되었다.

1장에는 처음 실장이 된 사람들에게 '누구나 잘 해낼 수 있어!' 하는 응원과 함께 실질적인 노하우들을 담았다. 2장에서는 실장 뿐만 아니라 치과에 종사하는 모든 사람들이 공감할 자존감 이야기를 나눠 보고자 했다. 좌절하고 뒤로 도망가기 보단 병원 안에서 자신을 찾아갈 수 있는 방법 말이다. 3장에서는 실장으로서 어떤 병원문화를 만들어 갈 수 있을지를 기록했다. 4장은 병원과 함께 성장하는 실장의 이야기이다. 거기에 플러스 다온C.S.M컴 퍼니에서 현재 강의하고 있는 내용들을 함축해서 부록으로 다루었다. 치과에서의 데스크업무와 차팅법, 프로그램 활용법에 대한 실질적이고 자세한 팁만을 담았으니 유용할 것으로 생각된다.

이 책을 읽는 많은 치과 종사자들이 '나도 할 수 있다'는 용기를 얻고, 실질적인 팁으로 바로 실행할 수 있는 능력을 탑재하여 앞으로 병원생활이 즐겁고 행복해지길 바란다.

마지막으로 첫 책을 펴내는 데 있어 용기를 준 청년의사 대표님 및 관계자 분들, 부족한 나에게 아낌없는 격려를 해준 다온 C.S.M컴퍼니의 이세리 대표님, 이선영 이사님, 이유리 이사님 그리고 다온 강사님들에게 감사함을 전하고 싶다. 사랑하는 남편과 가족들에게도 아낌없는 마음을 전한다.

2021년 6월
구민경

1장

이번 생에
실장은 처음이라

나는 내성적인
사람입니다

나는 내성적인 사람이다. 겉보기엔 외향적으로 보일 수도 있겠으나 내면에는 죽어라 노력하는 '구민경'이 있다. 최근 《사실, 내성적인 사람입니다》의 저자 남인숙 작가님의 북토크에 참여할 기회가 있었는데, 그 자리에서 작가님은 이런 말씀을 하셨다.

"한국인의 80%가 내향인이라고 합니다. 평소 주변 사람들에게 외향적인 것 같다고 판단되는 사람들도 정작 본인은 내향적이라고 생각하는 경우가 많아요."

이 말을 듣는 순간 내 머리는 한 대 얻어맞은 것처럼 '뎅~' 하고 울렸다. '아! 나는 외향적인 사람이 아니라 내향적인 사람이었구나. 그것도 모른 채 외향적인 사람이 되기 위해 죽어라 노력하고 있었구나!' 하는 생각이 스쳤기 때문이다.

5남매의 맏이인 나는 어릴 적부터 책임감이 강했다. 바쁘신 부모님을 대신해 네 명의 동생들을 돌보기 위해서는 무엇 하나 대충할 수 없었다. 내가 아닌 다른 누군가를 관리하고 책임지는 게 일상이었던 것이다. 취업을 하고 얼마간 경력을 쌓은 뒤 처음 실장이 되었을 때에도 마찬가지였다. 나에게 주어진 일이라면 그게 뭐가 됐든 완벽하게 해내야 직성이 풀렸던 나는 환자관리부터 진료, 데스크, 보험청구 그리고 직원들 관리까지 완벽하게 해내려 노력했다. 특히 사람들을 많이 상대하는 직업이다 보니 거울 앞에 서서 웃는 연습은 물론이고 병원에 찾아와 주시는 분들에게 어떤 말을 해야 할지, 어떻게 말을 전해야 할지도 몇 번이고 머릿속으로 시뮬레이션 해 본 뒤에야 입이 떨어졌다.

그렇게 내향적인 '구민경'과 외향인이 되려 하는 '구민경 실장'의 끊임없는 사투가 이어지기를 몇 년, 그토록 바라던 상대방에게 좋은 이미지를 심어 줄 수 있게 되었다. 그러나 '구민경 실장'의 이미지가 좋아질수록 그 뒤에 가려진 진짜 '구민경'은 힘에 부쳐 허덕이고 있었다. 안간힘을 쓰며 노력했지만 가끔 무표정이 드러났고 퇴근 무렵 같이 저녁 먹자는 동료들의 제안에도 집에 가기 바빴다. 그런 와중에 주변에서 "웃으면서 일을 해 봐. 즐기면서 일을 하라고."라는 말을 할 때면 실소가 절로 터졌다.

점점 좋아지고 있다고는 하지만 여전히 주입식 교육으로 진행되는 대다수의 교육기관들과 그곳에서 받는 교육들 속에서 내가 정확히 뭘 하고 싶은지, 내 꿈이 무엇인지도 모른 채 주어진 업무만 하는 사람들이 많다. 병원 일을 택한 병원종사자들도 마찬가지일 것이다. 병원 커뮤니티를 보다 보면 "저는 병원생활이 안 맞는 것 같아요.", "병원 말고 관련 직종의 공무원이나 일반 회사에 입사하고 싶어요." 등의 진로 고민들도 심심찮게 볼 수 있다. 물론 여러 가지 이유들이 있겠지만 혹시라도 내향적인 성격으로 적응하지 못한 것이라면 정말 안타까운 일이다.

저연차 때는 '아직 난 연차가 낮으니까', '난 좀 더 배워야지'라는 생각으로 열심히 할 당위성이 부여된다. 그리고 아직 어리기에 무작정 달릴 수도 있다. 하지만 중간관리자가 되면 상황이 달라진다. 보통 병원생활 6년차부터 팀장이나 실장 등 중간관리자의 위치에 서게 된다. 팀장급 이상부터 중간관리자라고 부르는데, 중간관리자는 원장님과 직원들 사이를 연결해 주고 소통할 수 있게 이끌어가는 중간자적 역할을 한다. 그러다 보니 직원관리 능력과 더불어 커뮤니케이션의 능력이 필요하다. 이때 대부분의 내향적인 사람들은 중간관리자보다는 그들의 말을 따르는 스태프로 남고 싶어 한다. 그게 더 편하기 때문이다. 나서서 무언가를 하거나 책임을 지는 일을 맡는다는 것은 결코 쉽지 않다.

이런 내향적인 사람이 중간관리자의 자리에 있다는 것은 정말 큰 결심을 한 것이다. 수많은 책임감을 안고 그 자리에 앉아 있는 것이다. 그런 사람에게 "좀 즐겨. 병원에서 네 꿈을 찾아. 이 안에서 너의 비전을 찾아. 더 열심히 해!"라고 말하는 것은 숨이

턱에 찬 사람에게 더 뛰라고 말하는 것과 같다.

부디 개인적인 기준으로 타인을 평가하고 무조건 '꿈'을 가져라, '일'을 즐겨라 식의 말은 하지 말길. 병원이라는 공간이 힘들고 숨이 막히는 공간이라는 생각이 들지 않게, '퇴사'의 유혹에 빠지지 않게 스스로 템포를 조절해 나갈 필요가 있다.

그렇다면 어떻게 조절할 수 있을까? '일을 즐기면서 해 보자. 자꾸 다른데서 찾는 것은 바보 같은 짓이야.', '내가 즐겁게 일할 수 있는 곳으로 이직하자.'라고 생각하기보다는 일은 일로써 사명감을 다해 일하고, 내가 즐길 수 있는 것은 밖에서 찾아보자. "하루의 대부분을 보내는 병원에서의 생활인데 당연히 즐겁게 일해야지."라고 말하는 사람들의 말도 살포시 무시하자.

급변하는 세상 속에서 반드시 하나만 해야 할 필요는 없다. 그리고 꼭 그 안에서만 찾아야 할 이유도 없다. 병원의 일은 내 일, 즉 직업일 뿐, 내가 사랑하고 즐기고 좋아하는 일은 다른 것일 수도 있다. 그러니 그런 일을 찾아보자. 그리고 작은 목표를 세워보자. 오늘 하루 누군가에게 "감사합니다."라는 말 들어 보기, 또는 내가 감사한 상황을 하루 한 가지씩은 찾아보기. 이런 미션을 세워 보자. 하나씩 감사함을 찾으면서 내 삶이 충만해질 때 병원에서의 일도 즐거워질 것이다. 내향적인 성격으로 병원에서 일하는 것이 힘든 선생님들에게 꼭 해 주고 싶은 말이 있다.

"저 또한 내향적인 성격으로 적응하는 것이 힘들었습니다. 하지만 환자를 케어하고 응대하며 그 안에서 보람을 느끼고 내 행복도 찾았습니다. 서두르지 마세요. 나만의 속도로 천천히 걸음하셔도 좋습니다. 중요한 것은 바로 나라는 것을 잊지 마세요. 당신을 응원합니다."

꼭 꿈이 있어야
실장이 되나요?

학부생 시절, 나는 치과에 내원하는 환자들의 구강건강에 힘쓰고 연구하는 멋진 커리어 우먼이 되고 싶었다. 열심히 공부했고 자격증 따는 일도 게을리 하지 않았다. 처음부터 완벽한 커리어 우먼이 될 수는 없겠지만 이만하면 어디 가서 일 못한다는 소리는 듣지 않을 것 같다는 자부심도 있었다. 그러나 세상은 그리 호락호락하지 않았다. 내가 꿈꿔 왔던 직장인의 모습은 입사와 동시에 문자 그대로의 꿈이 되어 버렸다. 수면 중에 일어나는 일련의 시각적 심상 말이다. 구강건강에 힘쓰면서 스스로 연구하는 모습은커녕, 그날그날 환자를 보고 밀린 업무 해치우기에 급급했다. 환자에게 치이고 선배들에게 혼나면서 멋진 커리어 우먼이 되고자 했던 꿈은 점점 희미해졌고, 나중에는 처음부터 어떠한 목표도 없었던 사람처럼 멋진 여성, 능력 있는 직장인 같은 단어는 떠오르지도 않게 되었다. 대신 그 자리엔 다른 꿈이 꿈틀댔다. 기분이 태도가 되는 실장님의 그늘로부터 벗어나는 것, 그리고 내가 실장이 되는 것이었다. 단, 내가 실장이 된다면 다년간 봐왔던 '그런 실장'은 되지 않겠다고 절실히 다짐했다.

　누구보다 열심히 그리고 치열하게 살았던 덕분이었을까. 4년차라는 다소 이른 시기에 작은 치과의 실장이 되었다. 그러나 문제는 그 다음부터였다. 막상 실장이 되기는 했지만 그간 마땅한 선임이라든가 체계적인 업무 교육 없이 일을 해왔던 탓에 제대로 해낼 수 있는 일이 없었다. '실장이라는 게 이런 거였구나.'라는 걸 눈물과 한숨으로 배웠다. 특히 채용 인터뷰 시 실장 업무 경력이 없다는 것을 분명 말했음에도 불구하고, 실장으로 채용된 이상 리콜, 보험청구, 기공, 재료까지 다양한 업무들을 맡아야만 했다. 직원이 나 포함 두 명뿐이라 직원관리는 남 얘기라고 생각했는데 병원 안에서의 특수한 관계였기 때문에 소규모의 병원 안에서 조직관리도 해야 했다. 뭔가 손에 잡힐 듯 잡히지 않는 업무와 내 마음처럼 되지 않는 관계가 날 힘들게 했다. 하지만 포기하지 않았던 건 목표가 있었기 때문이었다.
　'예전 실장님처럼 직원들을 내 화풀이 대상으로 삼지 말아야지.', '내가 힘들다고 후배에게만 일을 시키지 말아야지.', '나는 실장이니까 설거지나 청소 같은 허드렛일은 하지 않겠다는 생각은 말아야지.', '내가 지각하면서 지각하는 직원을 나무라는 실장은 되지 말아야지.' 이런 생각들이 내 꿈을 만들었다. '그런 실장이 되지 않겠다는 꿈' 말이다.

　초보실장이다 보니 모르는 것 투성이였던 나는 직원에게 미루지 않고 스스로 업무를 해결했다. 부족한 업무는 관련 업체에 물어물어 해결했고, 혼자 공부할 수 없는 건 주말을 이용해서 세미나를 다니면서 터득했다. 나에게 부족한 건 해결할 수 있었지만 나의 힘듦을 직원에게 풀고 싶지 않았다. 후배에게 이전에 내가 겪었던 고생을 경험하게 하고 싶지 않았다. 그런 마음으로 다가가니 직원들도 그 마음을 알아주었고, 퇴사 후 5년, 6년의 시간이 지난 지금까지도 종종 안부를 묻고 서로 응원하는 사이가 되었다.

　SBS 예능 〈집사부일체〉에서 JYP 엔터테인먼트의 수장 박진영이 나와 자신의 꿈에 대해 얘기한 적이 있다. 그때 내 꿈을 다시 생각하는 시간을 가졌다.

　"I want to be ○○○. 많은 사람들이 이걸 꿈이라고 생각해요. 저는 20억 벌기가 꿈이었어요. 그런데 스물다섯 살에 그 꿈을 이뤄 버린 거예요. 그때 고민했죠. '꿈을 이뤘으니 그냥 즐기면서 살아야 할까? 아니, 다음 꿈이 있어야 할 것 같은데?'라고 생각했고 미국 음반시장에 최초로 K-POP을 진출시키는 게 다음 꿈이 되었죠. 그런데 미국 금융위기 리먼브라더스 사태가 터지면서 톱스타의 앨범을 제외하고 다 접으라고 하는 거예요. 음반을 출시라도 해 보고 망했다면 황당하지가 않을 텐데, 너무 허무했어요.

그 후로 일 년 동안 정말 많이 생각했어요. 그런데 처음부터 내 꿈이 잘못된 거였어요. 'I want to be ○○○.'은 이루면 허무하고 안 이루면 슬픈 꿈이 된다는 걸 알았죠. 그래서 다른 방법을 찾았어요. 'I want to live for ○○○.' 어떤 가치를 가지고 살아갈 것인지를 정하는 거예요. 꿈을 찾기 위해서 for 다음에 들어갈 단어야 찾아야 하는 겁니다."

가슴 설레었던 장면이다. 그간 실장이라는 타이틀만 좇아 달려왔기 때문에 실장이 되고난 이후에는 무엇을 해야 할지 몰라 방황했고, 이전에 나를 감정적으로 대했던 실장님 밑에서 힘들어했을 때보다 훨씬 더 많은 스트레스를 받았었다.

그럼에도 불구하고 포기하지 않았던 건 내가 가치라고 느끼지 못했지만 실은 나를 단단하게 잡아 주고 있었던 '그런 실장이 될 거야!'라는 가치가 있었기 때문이다. 나는 그저 병원에서 시간 때우기식의 일을 하는 것이 아닌, 배우고 성장할 수 있는 환경을 지속적으로 개선해 나가고 싶다. 궁극적으로는 나뿐만 아니라 직원들도 역량을 강화시키고 성장할 수 있도록 돕고 싶다. 그러기 위해서는 먼저 내가 행복해야 한다. 병원의 성장이 곧 나의 성장이라는 생각으로 즐겁게 임하고 문제를 찾고, 수정하고 보완하고 시스템을 구축해 나가는 것. 그러면 자연스럽게 성장한 내 모습을 볼 수 있을 것이다.

대단한 꿈, 대단한 가치가 아니어도 좋다. 아니, 아직은 꿈이 없어도 괜찮다. 병원에 근무하면서 '앞으로 내가 실장이 되면 ○○○은 꼭 해야지.', '○○○ 행동은 절대 하지 말아야지.'라는 생각만 있어도 충분하다. 다만 실장 자체를 하나의 목표로 삼지는 말자. '실장이 되겠다.'가 아니라 실장이 되면 '이렇게 할 거야. 이렇게 살 것이야.'가 내 인생의 방향을 정해 줄 것이다. 그렇게 나만의 가치를 가지고 살아가길 바란다.

나이는
중요하지 않다

치과위생사 커뮤니티에는 "진료실 n년차인데 실장으로 데스크에 나가도 될까요?"라는 질문들이 종종 올라온다. 실장이 될 수 있는 최소한의 임상경력을 어느 정도로 생각하기에 자신의 도전에 앞서 이런 의문을 갖게 되는 것일까? 그건 아마도 지금까지 봐 왔던 보통의 실장들은 그들이 근무했었던 병원에서 나이가 가장 많은 사람이었기 때문일 테다.

실장이 해야 할 가장 중요한 역할 가운데 하나가 조직관리다. 병원의 구성원들끼리 한 팀으로 협업하면서 생길 수 있는 문제들을 통제할 수 있는 능력 말이다. 나이가 많으면 연륜으로 해결할 수 있는 문제들이 많기 때문에 지금까지 봐 왔던 실장들은 해당 조직에서 연차가 높은 사람이었을 것이다. 그러나 경력이 짧다고 해서 실장이 될 수 없는 건 아니다. 나 역시 4년차에 실장이 되지 않았던가. 물론 나보다 나이가 많은 직원들을 컨트롤해야 하는 어려움도 있었으나, 그럴 때일수록 실장으로서의 모범을 보이기 위해 기본에 충실했다. 지각하지 않기, 일 미루지 않기, 비난하기에 앞서 상황을 먼저 파악하고 일을 해결하기 등. 나 스스로도 제어하고 관리하지 못하면서 누군가에게 큰소리치는 실장은 되고 싶지 않았다. 이런 모습들을 보여 주니 단 한 명밖에 없는 직원이라도 나를 잘 따랐고 신뢰하는 게 보였다.

그러나 순항하는 줄로만 알았던 나의 '실장 되기 프로젝트'는 하루가 멀다 하고 '부족한 데스크업무 능력'이라는 벽에 부딪혀 난항을 겪었다. 결국 5년차에 또 한 번 이직을 하게 되었다. 실장이라는 타이틀을 단 지 1년 만이었다.

그간 제대로 된 업무 교육을 받아 본 적이 없었던 나는 어느 정도 체계가 있는 병원에서 일을 배우고 싶어졌다. 여러 병원을 알아보던 중, 두 명의 원장님하에 실장이 있는 한 치과에 이직이 결정되었다. 원장님은 내게 데스크 팀장직을 맡겼다. 능력 있는 실장님과 원장님 곁에서 제대로 된 업무를 배울 수 있을 거라는 설렘이 나를 사로잡았다.

그러나 부풀어 있었던 기대도 잠시, 6개월이라는 짧은 시간 동안 두 명의 실장이 퇴사하고 세 명의 실장이 입사했다. 일을 함께 시작했던 10년차 실장님이 한 달도 안돼서 그만둔 이후로 18년차, 13년차 실장님이 연달아 그 자리를 오고갔다. 원장 다음으로 가장 높은 자리인 실장 자리가 어수선하니 병원도 덩달아

어수선해졌다. 불행 중 다행으로 마지막 13년차 실장님은 유일하게 직원들에게 모범이 되어 주셨다. 덕분에 불안정했던 병원 분위기가 좋아질 수 있었다. 앞선 두 명의 실장들은 책임은 다하지 않고 '실장이라는 직책'에만 집착을 했던 나머지 직원들뿐 아니라 원장님에게도 신뢰를 잃게 되었다. 자발적인 퇴사였는지 권고사직이었는지 자세한 내막은 알 수 없었으나 그들을 보면서 나이와 능력은 결코 비례하지 않는다는 확신이 생겼다. 상담능력과 나이만 있으면 대우받던 시대는 끝났다. 세대가 바뀌면서 세상이 원하는 리더상도 변한 것이다.

이제는 모르는 사람이 없게 되어 버린 세계적인 보이그룹 BTS(방탄소년단). 내 기억이 맞다면 10년 전만 해도 아이돌 그룹의 리더는 보통 팀 내 최연장자가 맡았다. 리더십 기질에 대한 판단보다는 나이에 중점을 둔 한국식 관행이었던 것이다. 그러다 보니 리더가 올바른 리더 역할을 하지 못해 팀 분위기가 나빠지거나, 리더가 아닌 다른 멤버가 리더 역할을 하고 있는 등의 여러 문제들이 생겼다. 그에 반해 BTS는 나이순으로는 중간격인 1994년생 RM(랩몬스터)을 리더로 지정했다(RM 위로는 1992년생의 진과 1993년생 슈가가, 동갑라인에는 제이홉이 있으며, 밑으로는 뷔와 지민 그리고 정국이 있다). 더욱 놀라운 것은 팀원 전체가 RM을 이상하리만큼 잘 따른다는 것이다. 그 이유는 여러 인터뷰와 방송에서 어렵지 않게 확인할 수 있었다. RM은 궂은 일은 본인이 책임지지만, 목표를 달성하거나 대중으로부터 좋은 반응을 얻을 때면 늘 팀원 전체의 공로로 인정하며 그 가치를 나눈다. 멤버들이 입을 모아 "RM이 없었다면 방탄도 없었다."라고 말하는 것도 지도자로서의 RM의 능력을 충분히 인정했다는 증거일 테다.

중간관리자는 미션임파서블 게임이 아니다. 1단계 미션을 완료해야 2단계 게임을 할 수 있고, 모든 단계의 미션을 완료해야 최종보스를 상대할 수 있는 것처럼 절대적인 능력들을 하나씩 채워 나가야만 실장이 되는 건 아니다. 나이 또한 상관없다. 가장 중요한 건 당신이 실장이 되고 싶은 진짜 이유와 목표다. 그 이유가 명확해지면 지금 당장 내가 무엇을 할 수 있는지, 어떻게 해야 하는지 방법을 찾아보자. 그러면 더 이상 다른 사람에게 "제가 나이가 어린데 실장을 할 수 있을까요?"라는 질문은 하지 않게 될 것이다. 스스로에게 물어보자.

나는 어떤 실장이 될 것인가? 실장이 되기 위해서 내가 갖추어야 할 것은 무엇이고 지금부터 준비해야 할 것은 무엇인가?

기록의
쓸모

첫 출근. 아껴두었던 니트와 코트를 입어 격식을 차렸다. 추위에 대비해서 목도리도 둘렀다. 이제 겨우 치식을 익히고 치과용어를 영어단어처럼 외우던 치위생과 1학년이었던 내가 겨울방학부터 임상실습을 나가게 되었다. 교수님은 병원임상을 처음 접하게 될 나와 동기들에게 엄마처럼 잔소리를 하셨다. 긴장되어서 잠이 오지 않던 출근 전날 밤에 머릿속으로 다시 한 번 되새겼다.

"예의 있게 행동해라. 절대 지각하지 마라. 메모를 습관화하고 수첩을 항상 가지고 다녀라."

첫 출근을 하던 날부터 한 달 동안 실습 유니폼 주머니에는 수첩과 볼펜이 꼭 들어 있었다. 치과용어가 익숙하지 않아서 틈날 때마다 기구나 재료들을 보이는 대로 수첩에 적었고 선배들이 그 재료를 어떻게 사용했는지 어디에서 꺼내서 쓰는지 대충 알아볼 수 있게만 메모해 두었다. 선배들이 바빠서 비품을 대신 챙겨 달라고 할 때나 말을 전달해 달라고 할 때에도 수첩부터 꺼내 들었다. 혹시 잘못 전달하게 될까 봐 메모를 한 것이다. 선생님들이 무슨 말을 하던 수첩을 꺼내 기록했는데 그런 모습이 예뻐 보였는지 동생처럼 대해 주고 태도가 좋지 않은 타 대학 실습생보다 내게 하나라도 더 알려 주려고 하셨다.

4주의 실습기간 동안 실습일지를 매일 작성해야 했는데 수첩에 메모를 해 두니 실습일지 쓰는 것도 어렵지 않았다. 매일 새롭게 배운 것, 더 궁금한 것을 바로 알 수 있어 질문할 때도 좋았다. 그제야 교수님께서 왜 그렇게 수첩을 강조하셨는지 알 수 있었다. 그 후, 세 번의 임상실습이 더 있었고 그때마다 수첩과 함께 했다. 첫 취업을 할 때도, 이직을 할 때에도 유니폼 주머니에는 항상 수첩이 있었다.

이제는 임상에서 내가 누군가의 선배가 되었다. 직접 실습학생을 교육하기도 했고 갓 졸업한 신입 치과위생사부터 타 병원 경력이 있는 후배들의 첫 입사까지 많이 봐 왔다. 내가 10여 년 전에 했듯이 어떤 상황에서도 수첩을 먼저 꺼내 드는 후배가 있는 반면에 모든 걸 다 알고 있다는 듯이 귀로만 듣는 후배들도 있었다. 이 위치가 되니 수첩은 단순히 기록만 하는 물건이 아니라 그 후배의 배움의 의지를 의미한다는 걸 알았다. 출근을 준비하면서 어떤 마음가짐을 했는지, 앞으로 근무함에 있어서 병원 안에서 시간만 보내지 않겠다는 다짐까지 짐작할 수 있다.

온라인 취업포털 '사람인'에서 후배가 있는 직장인 600여 명을 대상으로 '호감 가는 신입사원 유형'에 대한 설문 진행을 했는데 '성실, 꼼꼼히 배우려는 노력파 유형'이 35.7%로 1위였다. 예의가 바른 후배, 눈치가 빠른 후배, 똑 부러지는 후배도 좋지만 함께 일하는 공간인 만큼 성실하고 배우려는 후배에게 더 호감이 갈 수밖에 없는 것이다.

배우려는 의지는 실습학생이나 대학을 갓 졸업한 신입 직원에게만 해당되진 않는다. 타 병원의 경력이 있다고 해도 각 병원마다 사용하는 기구나 재료가 다르고 축약어들이 사용되기 때문에 무엇이든 기록해 두어야 한다. 엑스레이 촬영법 같이 상식적으로 사용 방법을 알 수 있는 것들이라고 하더라도 낯선 환경에서 사용해 보지 않은 장비로 갑자기 촬영을 해야 하면 조절버튼이 어디 있는지 기억나지 않을 수 있다. 사소한 것을 기록하는 것도 필요하지만 선배의 이야기를 중요하게 듣고 있다는 것, 이야기를 들을 준비를 하고 있는 것을 어필하는 것 중에 메모 만한 게 없다.

나는 실장의 위치에 있는 현재에도 메모할 수 있는 것들을 항상 옆에 두고 일한다. 환자와의 대화에서도 필요한 정보가 있으면 기록하고, 직원들이 내는 좋은 아이디어나 원장님과의 대화에서도 지시사항이 있으면 일단 기록부터 한다.

일에 대한 의지, 발전의 마음가짐은 일단 기록하는 것에서부터 시작된다고 해도 과언이 아니다. 여덟 시간의 근무시간을 그냥 흘려보내지 말고 내가 지금 뭘 했는지부터 나의 근무를 기록해 보자.

구 실장,
앞으로는 실장 없는 체제로 갈게요

"열심히 해서 빨리 실장이 되어야지!"

대학을 졸업하고 치과에 입사하면 가장 높은 직급이 실장이라고만 알고 있었던 나는 '빠르게 실장이 되는 것'이 목표였다. 원장님 다음으로 병원에서 높은 자리였고 저연차의 눈에는 모르는 게 없는, 굉장히 능력 있는 멋진 사람으로 보였다. 병원생활을 하면서 실장이라는 목표가 있었기에 남들보다 더 열심히 했고 빠르게 성장할 수 있었다.

그러나 막상 실장이 되고 나니 로망과는 다른 현실을 보게 되었다. 처음 실장이 되었던 병원은 작은 치과였다. 나 외에는 직원이 없었기 때문에 환자관리와 직원관리, 리콜, 보험청구, 진료까지 모두 도맡아야 했다. 인수인계나 교육 없이 몸으로 부딪치면서 배우고 경험하다 보니 어떤 날에는 내가 하고 있는 방법이 맞는 건지, 틀린 건지 가늠조차 되지 않기도 했다.

의료계에는 각 과별로 성수기가 있다. 치과는 학생들의 여름·겨울 방학과 4~5월이 바쁘다. 특히 교정 진료의 경우 학생들이 많기 때문에 방학 때 많이 몰리고, 임플란트 같은 진료는 가정의 달인 5월에 자녀들이 부모님 선물로 해 드리는 경우가 많다. 비수기는 보통 명절 시즌이다. 아무래도 명절 전에는 돈이 나갈 곳이 많기 때문에 진료받기 꺼려지기 마련이다. 마침 추석명절이 낀 9월이었는데 우리 병원 바로 인근에 신규 개원 치과들이 여러 군데 생겼다. 그들은 앞 다투어 '고 퀄리티의 진료와 저렴한 비용'을 내세우면서 광고를 했고 환자들이 나뉘게 되었다. 자연스럽게 치과의 매출은 떨어졌고, 나는 동분서주하면서 매출을 올리기 위해 애썼다.

진료가 마무리되는 환자에게는 정기검진 예약을 잡아 줄 때 지인 소개를 부탁드렸고, 상담 후 치료를 고민하는 분들에게는 추후 다시 한 번 전화를 드려 진료로 이어지게끔 설명드렸다. 나름 열심히 하고 있다고 생각한 어느 날, 원장님이 하실 말이 있다고 나를 불렀다. 매출 때문에 그러려니 하고 긴장을 한 채 원장님 방문을 두드렸다. 원장님은 선뜻 말을 못하시더니 입을 떼셨다.

"구 실장님. 앞으로는 실장이 없는 체제로 가려고 해요. 실장님이 잘해 주신 건 알지만 치과 사정이 어려워져서요. 어쩔 수 없이 그렇게 결정하게 되었어요."

현재 매출을 나도 알고 있었기에 원장님의 결정에 대해 뭐라 말할 수는 없었다. 하지만 그렇다고 실장으로서 열심히 일한 나를 나가라고 하다니. 자존심에 스크래치가 났다. '내가 당장 퇴사하면 보험청구는 어떻게 하고, 리콜이나 수납부분에 분명 문제가 생길 텐데. 아무리 매출 때문이라지만 이후에 생기는 문제는 어떻게 해결하려고!' 마음속에서만 소리치는 이 말들을 결국 뱉지 못했다. 그 날 왜 난 아무 말도 하지 못했을까? 아마 스스로도 알고 있었기 때문이리라. 병원의 매출을 책임져야 하는 위치에 있으면서도 크게 기여하지 못했던 탓이라는 걸.

　　병원에서 실장이라는 자리는 원장님과 가장 가까운 자리다. 중간관리자로서 직원들과 원장님의 관계를 조율하고 진료의 흐름이 원활하게 흘러갈 수 있도록 어레인지하며, 환자가 신뢰를 갖고 찾아올 수 있도록 고객관리도 해야 한다. 물론 그 모든 것들을 혼자서 하는 것은 아니다. 직원들이 자신의 자리에서 잘 해나갈 수 있게 코칭하는 것 또한 실장의 능력이다.
　　그런데 원장님이 병원의 중요한 결정을 하는 자리에서 실장과 의논하지 않는다면 그것은 이미 신뢰를 잃었다는 것과 같다. 매출이 떨어진 시점에서 원장님과 나는 앞으로의 방향성에 대해서 어떠한 대화도 없었다. 내가 먼저 현재의 상황을 파악하고 앞으로의 대처방안을 고민해 보자고 손을 내밀었어야 했을까? 아니면 이전에 신뢰를 주지 못했기에 원장님이 내 손을 잡지 않았던 것일까? 닭이 먼저인지 달걀이 먼저인지 고민했지만 결국 나는 원장님의 신뢰를 얻지 못했고, 위기의 순간에 급여가 가장 높다는 이유로 해고됐다.

내가 하는 업무가 중요하지 않게 보였고 누구나 할 수 있는 일로 보였다는 것 또한 실장인 내가 내 업무를 명확히 어필하지 않았기 때문이다. 처음엔 화도 나고 속상했지만 시간이 지날수록 선명해졌다.

'그래. 내가 나를 이렇게 보이도록 만들었구나.'

그렇다면 먼저 내 문제를 찾아야 했다.

서울의 A병원은 실장이 없는 체제로 운영되고 있다. 처음에는 직원들이 실장 없이 어떻게 하나 걱정했고 중간관리자들도 '지금 우리보고 나가라는 건가.'라는 생각에 퇴사를 해야 하나 고민했다고 한다. 하지만 원장님과 충분한 대화를 통해 수직적인 구조가 아닌 수평적인 구조로, 전 직원 환자 담당제를 시행하려 한다는 사실을 알게 되었다. 담당제를 시행하면 좀 더 자신의 업무를 책임감 있게 실행하게 되고, 환자와 라포형성도 된다. 또, 기록과 회의시스템을 구축하여 활발히 소통하는 조직문화를 만들어 지금은 실장이라는 직책 없이도 전 직원 퇴사 없이 행복하고 즐겁게 일을 하고 있다고 한다.

이 병원의 사례를 보면서 그동안 내가 너무 우물 안 개구리였다는 걸 알았다. 나는 실장의 업무는 단순히 '데스크업무, 보험청구, 상담'이라고만 생각했다. 그런데 그런 일은 오히려 잘하는 직원이 담당하고 중간관리자는 더 중요한 병원경영과 환자관리,

직원관리와 함께 진료가 원활하게 잘 돌아갈 수 있도록 진료시스템을 구축하고 동선을 살피며 매 접점별 환자응대와 관리에 집중해야 한다. 물론 그것 또한 잘할 수 있는 직원이 담당해서 할 수도 있다. 중요한 것은, '실장은 이런 업무를 해야 해.'라는 태도를 취해서는 안 된다는 것이다. 나는 스스로 실장의 업무란 이런 것이라며 내 업무를 축소시켰고, '난 이 업무를 잘하는데 왜 나를 인정하지 않는 거야?'라며 오히려 주변사람들에게 화살을 겨누었다. 사실 원장님은 '그 업무'를 원한 것이 아니라 다른 업무를 원했을 수도 있다. 그 속을 들여다보지 않고 그저 내가 잘하는 업무만 내세우며 인정을 바랐던 것이다.

지금 나는 나의 올챙이 적 시절을 겸허하게 받아들이고, 강사 과정과 컨설턴트 과정을 수료하고 공부하면서 더 나은 실장이 되기 위한 발판을 만들고 있다. 코앞만 보고 좁게 생각하는 게 아니라 더 멀리 보고 넓게 생각할 수 있는 훈련 중이다.

실장으로서, 중간관리자로서 성장하고 싶다면 배우고 익히자. 요즘 여러 아카데미나 전문가, 강사들이 많아지면서 좋은 강의들도 쉽게 접할 수 있게 되었다. 코로나19 바이러스 덕분에 온라인 강의도 활발하게 진행되고 있어서 시간과 장소에 제약 없이 배울 수 있다. 같은 데스크 강의라도 강사가 어디에 포커스를 맞춰서 풀어 내느냐에 따라 다른 내용을 공부할 수도 있다. 내게 부족한 것이 무엇인지, 어떤 걸 중점적으로 푼 강의를 듣는 게 좋은지 커리큘럼을 꼼꼼하게 비교해서 선택하자. 커리큘럼은 강사가 정해진 강의시간 동안 무엇을 이야기할지 요약해 놓은 것이다. 그래도 어떤 강의를 들어야 할지 모르겠다면 네이버카페 '다온에듀'나 카톡채널 @다온에듀로 문의하면 상황에 맞는 강의를 추천 받을 수 있다.

지금도 어린 날의 나처럼 자신의 자리를 좁히고 있는 중간관리자들이 있을지도 모르겠다. 그렇다면 더 늦기 전에 깨닫길 바란다. 실장이라는 감투 아래에서 숨지 말고 스스로 중요한 위치에 있는 사람이 될 수 있도록 모든 편견과 고정관념을 내려 놓자. 그리고 진짜 내가 할 수 있는 것, 내가 해야 하는 것을 정리해서 시스템화하자. 내 자리는 그 누구도 아닌, 내가 만들어 가야 한다.

무늬만
실장

"선배. 우리 병원 실장님 때문에 힘들어 죽겠어요."

후배가 오랜만에 연락이 왔다.

"일주일에 한 번씩 개인별로 쉬는 날이 있는데 실장님 쉬는 날이 제일 바쁘고 힘든 날이에요. 처음에는 '어쩌다가 예약이 이렇게 된 거겠지.'라고 생각했는데. 실장님 쉬는 날마다 컴플레인 했던 예민한 환자, 결제를 계속 미루는 환자, 진료가 까다로운 환자들 예약이 다 잡혀 있어요. 예약표 보면 전날부터 한숨 나와요. 일부러 본인 없는 날에 예약을 이렇게 잡는 실장님을 보면 너무 얄미워요."

"음. 너희 실장님이 그렇게라도 인정받고 싶은가 보다."

"인정이라니요? 그게 무슨 말씀이세요?"

"힘든 환자들은 모두 본인이 케어하고 있는데 아무도 알아주지 않으니까 직접 한 번 해 보라는 뜻 같은데? 그런데 인정받으려는 방법이 틀렸네."

후배가 일하는 병원의 실장은 대부분의 환자케어를 도맡아 하고 있었다. 어렵고 컨트롤이 되지 않는 환자의 수납이나 컴플레인 관리, 상담, 심지어 어려운 진료까지 모두 진행하고 있었다고 한다. 그런데 아무리 열심히 해도 원장님이나 직원들이 '우리 실장님이 이렇게 어려운 일을 하는구나.'라고 인정해 주지 않고 당연한 것으로 여기니 심술을 부린 것이다. 하지만 이렇게 한다고 직원들이 알아줄까? 그렇지 않다. 오히려 책임감 없는 실장이라는 소리를 듣게 된다.

조선 14대 왕, '선조'에 대해서 잘 알고 있는가? 선조는 조선을 부흥시키기 위해 사람 잘 보는 눈을 활용해서 이순신, 권율, 이이 등 인재를 등용하는 등 특수한 비책으로 왕권을 강화시켰다. 하지만 많은 사람은 선조를 능력 있는 왕으로 기억하지 않는다. 임진왜란이라는 위기가 생긴 순간 백성을 버리고 도망쳐 버린 왕으로 기억할 뿐이다. 왕으로서 책임감이 전혀 없는 행동이다. 게다가 전쟁에서 업적을 남긴 이순신 장군을 간신들의 말에 휘둘려 죽이려고도 했다. 집권 초기에는 나라를 잘 이끄는 능력 있는 왕이었지만 왜란이후 오히려 악군으로 악명을 떨쳤다. 광해군에 대한 지나친 시기심으로 후계자 문제를 일으키고 매듭을 제대로 짓지도 못하고 세상을 떠났으니 리더로서의 자질만 보면 빵점이다.

능력이 출중해야 리더가 아니다. 업무적 능력은 조금 부족해도 리더로서 조직을 잘 관리하고 책임감을 보여 주어야 한다. 리더가 리더의 일을 하지 못하고 직원의 마인드를 가질 때 조직은 산으로 가게 된다.

나도 직원의 마인드를 가진 실장의 시기가 있었다. 실장이 아니라 직원처럼 일을 했다. 작은 병원의 실장으로 근무하면서 데스크에서 접수, 응대, 예약, 수납, 콜, 보험청구까지 실제적인 '진짜 병원 업무'를 해야 했다. 그게 실장의 업무라고 알고 있었다. 여러 번 이직을 하면서 알게 되었다. 그동안 내가 잘한다고 생각했던 업무는 코디네이터 직원을 채용해서 맡기면 되는 업무였다는 것을. 초보실장 3년차까지 나는 진짜 실장이 아니라 무늬만 실장이었던 것이다.

그렇다면 실장은 어떤 일을 해야 하는 걸까? 진료업무나 재료관리, 서류정리 및 관리 등 직원이 대체할 수 있는 업무가 아닌 전반적인 병원경영관리를 해야 한다. 직원들이 편안하게 일할 수 있도록 예약과 진료 어레인지를 할 수 있는 시스템을 구축하고, 단골환자와 굿마우스환자를 늘릴 수 있는 환자관리, 직원들이 스스로 책임감을 가지고 업무할 수 있는 분위기를 형성하고 회의시스템을 구축해야 한다.

만약 원장님이 직원처럼 일하길 바란다면 정확히 확인해 보자. 실장이 하는 일을 명확히 알고 계시는지 먼저 묻고, 실장이 필요한 건지 직원이 필요한 건지 확인이 필요하다. 데스크업무, 진료, 보험청구 등의 업무는 직원의 업무이고 환자관리, 직원관리, 경영관리부터는 실장의 업무임을 명확히 하자.

일반적으로 실장이 데스크업무를 잘해야 환자가 오고, 그 후에 환자가 많아지면 그때부터 관리해도 늦지 않다고 생각할 수 있다. 하지만 그 업무가 위임이 가능한지 아닌지를 먼저 봐야 한다. 반드시 실장이 해야 하는 업무가 아니라면 위임하는 것이 좋다. 한 명의 환자라도 관리를 잘해야 환자가 꾸준히 병원을 찾는 병원이 되고, 다른 환자의 손을 잡고 오는 병원이 될 수 있다. 환자가 찾는 병원이 되어야 매출도 오르는 것이다. 매출은 바닥을 치는데 그저 눈앞에 놓인 업무에만 급급하면 절대 성장할 수 없다.

지금까지 무늬만 실장은 아니었는지 되돌아보자. 그저 실장의 자리가 목표라면 더 이상 성장하지 않아도 좋다. 하지만 좀 더 나은 미래를 위해서 내 인생의 목표를 다시 한 번 되새겨 보자. 너무나도 빨리 변화하는 세상 속에서 도태되지 않기 위해서라도 안주하지 말아야 한다. 지속적인 노력과 발전을 이루어 나간다면 병원에서 인정받는 것을 넘어서 강사, 컨설턴트의 영역까지 도전해 볼 수 있다. 자신의 자리를 넓히고 높이자. 이제 시작이다.

연차와 연봉은
비례하지 않아

　직장생활을 할 때 가장 중요한 것은 무엇일까? 개인마다 차이는 있겠으나 나의 경우에는 연봉이다. 제 아무리 어릴 적부터 꿈꿔 왔던 직업이라 할지라도 열정페이를 강요받거나, 주변 사람들에 비해 현저히 낮은 연봉을 받는다면 오랫동안 일하기는 힘들 것이다. 생계를 위해서도 중요하지만, 무엇보다 연봉은 곧 나의 사회적 가치라는 생각이 오래 전부터 있었다.

　요즘은 특정 기업에 다녔던 재직자들이 작성한 리뷰를 볼 수 있는 웹사이트들이 많기 때문에 내가 알고자 하는 회사에 대한 정보를 쉽게 얻을 수 있다. 하지만 내가 취업을 준비하던 시절에는 지금처럼 기업 리뷰가 활성화되지 않았었다. 그저 취업만 하면 많은 돈을 벌 수 있을 거라고 생각했었다. 그러나 현실은 냉정했다. 너무나도 당연한 말이지만 이제 막 대학을 졸업한 신입 치과위생사에게 높은 급여를 책정해 주는 치과는 없었다. 꿈꿔 왔던 수준의 초봉은 아니었으나 경력 쌓는 것을 목표로 일을 시작해 나갔다.

그러다 1년이 채 되기 전에 연봉 상승의 기회가 찾아왔다. 총괄실장님의 히스테리를 못견뎌 퇴사를 해야 했는데, 이직을 하면서 연봉을 올릴 수 있을 거라 생각했던 것이다. 당시에는 주변에서 일 잘한다는 말을 종종 들어왔던 탓에 자신감도 있었다. 원장님과의 면접에서 10여 년 전 기준으로 2년차 중에서도 잘 받는다는 2,100만 원을 희망연봉으로 말했다. 원장님은 당황하셨는지 내게 어떤 일을 잘할 수 있냐고 물으셨다. 자신감에 차 있었던 나는 막힘없이 대답했고 원장님 또한 그런 나를 좋게 봐 주셨던 덕분에 희망했던 연봉을 받을 수 있었다. 이후로도 나의 몸값은 꾸준히 상승했고, 5년차까지는 매년 20~30만 원의 월급이 인상되었다.

문제는 연차가 더 높아지면서부터였다. 실장이라는 직책으로 이직을 하다 보니 인사담당자에게 연차는 낮지만 일을 잘할 수 있다는 포부와 능력을 입증하는 게 쉽지 않았다. 오히려 실장이 되고부터는 원하는 연봉을 받지 못하게 된 것이다.

그때부터 나를 증명할 수 있는 방법을 고민하기 시작했고, 다음 연봉협상을 미리 준비해 보기로 했다. 그간 해 왔던 업무들을 기록하고 내가 만든 매뉴얼, 시스템, 성과 등 객관화할 수 있는 자료들을 하나씩 모았다. 그 가운데에서도 주말마다 들었던 교육과 세미나를 수료하는 과정을 기록한 자료들이 큰 도움이 되었다. 어떤 세미나에 참석해서 무엇을 배웠는지 정리만 했을 뿐인데 1년 동안 성장하고 병원에 기여했다고 인정받는 자료가 되었다.

연차와 연봉은 비례하지 않는다. 저연차 때는 가능할지도 모르겠으나, 십 년이고 이십 년이고 한도 없이 연봉이 상승할 수는 없다. 경력이 쌓여도 업무의 변화가 없고 성장하지 않는다면 임금을 높여 줄 이유가 없다. 같은 업무라면 연봉이 더 낮은 저연차를 선호하는 게 당연하다.

나는 여러 번의 이직을 통해 조금 늦게 깨달았지만, 먼저 경험을 해 봤기에 후배들이 나와 같은 실수를 반복하지 않길 바란다. 그래서 같이 일하는 직원들에게 입사부터 포트폴리오가 중요하다는 걸 이야기해 주기도 하고, 다온C.S.M컴퍼니의 〈잘나가는 병원에는 잘나가는 인재가 있다〉 강의를 추천해 주기도 한다. 연봉협상 시즌이 되면 지인 실장님들과 직원들의 연봉협상에 대해 이야기를 나누게 된다. 문제는 모두 제각기 달랐지만, 연봉협상의 기준과 룰이 없다는 공통점이 있었다. 그러다 보니 "옆 병원 누구는 얼마 받으니까 저도 주세요.", "제 친구는 얼마 받는데 보니까 제가 그 친구보다 더 많이 일하더라고요. 임플란트 담당이기도 하고, 하는 업무도 많으니까 친구보다 적어도 매달 10만 원은 더 받는 게 맞는 것 같아요."라는 식의 협상 아닌 협상이 이어지게 되고 감정싸움으로 이어져, 결국 승자 없이 상처만 남게 된다.

병원마다 근무환경이 다른 만큼 업무 범위도 제각각이다. 한두 가지만 비교해서 업무가 많고 적고를 따질 순 없을 뿐더러 평소 근무 태도가 좋지 않았던 직원이라면 더더욱 이 논리는 적용되지 않는다. 냉정하지만 병원생활은 온실이 아닌 정글이다.

"지난주에 재계약한 직원은 이번에는 얼마나 오르냐고 묻는 거 있죠? 연차가 올라갔다고 당연히 연봉이 올라야 한다는 생각으로 먼저 말을 꺼내더라고요. 매일 같이 얼굴보고 일해야 하는 직원들이기 때문에 재계약, 재협상할 때 웬만하면 얼굴 붉히기 싫은데 너무 당연하게 말하기에 사기를 확 꺾어 놓으려다가 잘 모르고 있는 것 같아서 연봉제, 호봉제 교육만 하루 종일 해 줬어요. 신입도 아니고 7년차나 된다는 친구가 그렇게 하니까 저도 너무 속상하더라고요."

호봉제는 근무 기간이 길어질수록 순차적으로 임금이 오르는 방식이다. 개개인의 능력차가 크지 않기 때문에 경쟁 압박이 없고, 안정적이다는 특징이 있다. 반면 연봉제는 기본급과 고정식 수당, 성과급을 포함해서 업무 성과에 따라 1년 단위로 계약하는 형태로 동기를 부여하고 의욕을 고취시켜 줄 수 있다. 세금 징수액이 매달 다르기 때문에 적게는 몇천 원부터 많게는 몇만 원까지 통장에 들어오는 월급이 다르다. 매달 일정한 월급을 받게 되는 네트임금제와 구별이 되는 것이다.

많은 병원 종사자들이 본인의 임금방식을 연봉제로 알고 있지만 네트임금제인 경우가 많다. 네트임금제도 능력에 따라 급여가 정해지긴 하지만 세금과 4대보험료 실제 징수액과 무관하게 급여를 받기 때문에 병원에서 직원의 임금을 낮게 신고해서 탈세의 수단으로 이용될 수 있다.

연봉제이건 네트임금제이건 능력에 따라 급여를 다르게 책정하기 때문에 근속기간이 길다고 월급이 오르는 게 아니라 매년 자신의 능력을 보여 주어야 한다. 더 높은 연봉을 받고 싶다면 적어도 지난해에 병원 성장에 얼마나 기여를 했는지, 앞으로 어떤 기여를 할 것인지 생각해 보고 협상에 임해야 한다. 친구보다 더 많이 받고 싶다면 포트폴리오를 만들어서 객관적으로 비교하고 근거를 제시해야 한다.

많은 사람들이 포트폴리오를 만들어 보라고 하면 너무 어렵게 생각한다. 입사해서 지난 1년 동안 병원에서 어떤 일을 했는지 기록하고 업무를 하면서 따로 기록을 해 두거나 정리를 해 둔 게 있다면 그런 자료들을 덧붙여 놓으면 된다. 임플란트 픽스처(fixture)나 어버트먼트(abutment)를 한눈에 보고 금방 찾을 수 있게 정리해 놓았거나 여기저기 흩어져 있는 임플란트 임프레션 코핑(implant impression coping)과 힐링 어버트먼트(healing abutment)를 모아 한곳에 정리해 놓았거나 중구난방이던 재료주문방식을 한 가지 방식으로 기준과 룰을 정하고 재료 구입 목록표를 만들어 보았거나 우리 병원의 vip환자 정리, 리콜환자를 정리한 자료 등 무엇이든 좋다.

내가 근무했던 병원들과 마찬가지로 대부분의 병원들은 연봉제이거나 혹은 네트임금제로 운영할 것이다. 호봉제처럼 근속연수에 따라 정해진 월급으로 주지 않기 때문에 이 글을 읽고 있는 실장과 예비실장은 반드시 증명할 자료가 필요하고 직원들에게 교육을 해 주어야 한다. 그렇다고 호봉제 운영 병원은 자료가 필요 없다는 말이 아니다. 호봉제 또한 경영자 입장에서 재계약을 하고 싶은 마음이 들게끔 스스로를 드러내야 한다.

　병원에 출근해서 각자의 자리에서 일하다 보면 서로 무슨 일을 하고 있는지 확인하기가 힘들기 때문에 저평가되기 쉽다. 이렇게 매번 정리해 놓고 기록해 놓는다면 일 년 내내 열심히 일하는 직원으로 인정받을 수 있다. 어쩌다 한 번 참석한 업무 관련 세미나나 오랜만에 읽은 책이라고 하더라도 SNS에 사진만 올리는 것이 아니라 병원과 관련된 메시지 한 줄만 덧붙여 놓는다면 그 또한 포트폴리오의 한 장이 되는 것이다.
　포트폴리오를 작성할 준비가 되었는가? 지금부터 하나씩 정리해 보자.

실장은
만능 해결사일까?

"실장님~ 실장님."

진료실 안쪽부터 날 부르는 소리가 들려왔지만 밀린 데스크업무를 처리해야 하기도 했고, 문제가 생길 때마다 불러 대는 직원들 탓에 안 들리는 척하고 일에 집중했다. 뭐가 또 고장이 난 건지 10분 전부터 직원들끼리 웅성웅성하는 소리가 데스크까지 들렸다. 본인들이 해결하길 바라는 마음에 귀를 닫고 일에 집중하고 있는데 결국 한 직원이 데스크까지 와서 나를 불렀다.

"실장님, 3-way syringe에서 물이 안 나와요."

"갑자기? 어느 체어에서 안 나와?"

"4번 체어요. 다른 체어들에서도 물이 나오긴 나오는데 아주 조금밖에 안 나와요."

"3-way syringe에서만 안 나오는 거야? 핸드피스나 스케일러에서는 나와?"

3-way syringe는 치아를 검사하거나 치료할 때 바람을 불고 물을 뿌리는 기구이다. 일반적으로 많이 사용하는 기구인데 물이 안 나온다니? 그렇다면 다른 장비도 물이 안 나오는지 확인이 필요했다. 핸드피스는 충치를 제거하고 치아를 삭제하는 기구이고 스케일러는 치아스케일링을 하는 기구로 둘 다 마찰열을 줄이기 위해 물이 나온다. 이 두 기구에서도 물이 안 나온다면 수도관 문제일 수 있고 3-way syringe만 물이 안 나온다면 그 기구만 고장이 났을 수도 있다. 그런데 돌아오는 대답은 역시나였다.

"아니요. 그건 잘 모르겠어요."

10분 동안 진료실 직원이 다 모여서 씨름하더니 정확히 뭐가 문제인지 찾아보지도 않고 나에게 달려온 것이다. 리콜하려고 통계자료를 확인하던 것을 내려놓고 진료실로 가봤다. 문제가 있던 안쪽 4번 체어의 3-way syringe에서는 물이 아예 나오지 않았고, 핸드피스나 스케일러에는 물방울만 조금 맺혀 있었다. 다른 체어들도 마찬가지였다. 바람은 제대로 나오는 걸 보니 단순 체어 문제이기보단 수도관이 잠긴 것 같아 기계실로 갔다. 하나씩 점검하던 중 이상한 부분이 보였다. 메인 수도관 밸브는 열려 있었지만 체어에서 나오는 모든 물을 전해수로 공급되도록 하는 정압정수기계가 전원만 켜져 있고 밸브가 잠겨 있는 게 아닌가. 정압정수기계의 밸브를 열고 진료실로 다시 돌아가서 확인하니 물이 나왔다.

"오~ 역시 실장님, 감사합니다."

입사한 지 하루이틀 된 직원들도 아닌데 아직까지 이런 실수를 하고 있었다. 심지어 경력직 선생님들까지 문제의 원인을 제대로 파악하려는 시도조차 하지 않고 나에게 도움을 청했다는 것에 순간 화가 났다. 환자 예약이 없는 시간에 리콜하려고 했던 건데 진료실 문제를 해결해 주고 나오니 예약 환자분이 이미 오셔서 대기실에 앉아 계셨다. 결국, 리콜 할 타이밍을 놓쳤다.

한숨이 나왔지만 직원들이 이렇게 행동하는 것에는 내 문제도 있었다. 저연차 때부터 여러 번 이직을 하면서 다양한 병원에서 기계들이 고장나는 걸 많이 보고 옆에서 고치는 걸 봤더니 어깨 너머로 배운 지식들이 꽤 많았다. 보통은 A/S접수를 하고 기다리는 게 순서지만 바로 환자를 봐야 하는 상황에서 매번 그럴 수 없었기에 몇 번 직접 고치고 해결했더니 어느 순간 나는 장비수리기사가 되어 있었다. 내가 하는 것을 보고 배워서 먼저 해결하려는 생각조차 하지 않고 무조건 나를 부르기 시작했다.

그러나 나도 전문수리기사는 아니었기 때문에 모든 장비를 고칠 수는 없었다. 그저 핸드폰이나 컴퓨터 다루듯 실행되지 않을 때는 모든 기계를 재부팅해 보고, 그래도 안 되면 전원 선을 뺐다가 5~10분 뒤에 다시 꽂아 보는 것이 전부였다. 처음에는 내가 몇 번 해결해 주면 다른 직원들도 그 과정을 보고 익힐 거라 생각했다. 그러나 이것은 내 착각이었다. 직원들은 기계가 잘 안되면 아예 모르는 척하거나 또 다시 나를 불렀다. 그러다 보니 데스크에서 처리해야 할 일들을 못할 때가 많아졌다. 뭔가 특단의 조치가 필요한 순간이었다.

가장 먼저 AS 콜 전, 장비별로 확인해야 할 체크리스트를 만들었다. 콘센트는 꽂혀 있는지, 전원은 켜져 있는지, 다른 체어에도 똑같은 상황이 발생한 것인지 등 기본적으로 확인해야 할 사항들이었다. 그리고 직원들 중에 장비담당자를 정해서 체크리스트를 확인한 후 AS업체에 연락해서 관리할 수 있게 했다. 장비별 고장 난 내역과 AS내역을 기록할 수 있는 장부도 별도 비치했다. 별것 아니었지만 직원들은 이 쉬운 것도 어쩌면 몰랐기 때문에 나를 찾았을 수도 있다.

많은 병원에서 비슷한 일들이 생긴다. 하지만 중간관리자가 '어휴. 그냥 내가 하지 뭐.', '직원들도 진료하느라 바쁜데 그냥 내가 해야겠다.'이런 생각으로 접근하면 직원들은 자립심이나 충성심이 생기는 것이 아니라 오히려 방관하게 된다. '어차피 실장이 할 건데 뭐.', '내가 해서 문제가 생기면 어떡해. 그냥 실장님한테 해 달라고 해야겠다.'가 되어 버리는 것이다. 이것은 인재를 발굴하는 데도 도움되지 않는다. 직원들이 스스로 하게끔 도와야 그들의 역량도 끌어 오를 수 있다. 이 부분이 결여되면 중간관리자는 '더 중요하고 가치 있는 일'을 하지 못한다. '덜 중요하지만 당장 급한 일'만 처리하다가 제대로 환자관리를 하지 못해 장기적으로 환자가 이탈하는 일이 발생할 수 있다. 어렵지 않다. 조금만 비틀어 생각하면 방법은 의외로 가까이 있다. 그들이 가장 어려워하는 것이 무엇인지 확인하고 그것을 기록하거나 매뉴얼로 만들거나 아예 없애 버려서 쉽게 할 수 있게 만들어 주면 된다.

직원들이 관심을 가질 수 있는 환경을 만들어 주자. 모든 일을 실장이 다 해야 하는 건 아니다. 실장은 만능 해결사가 아니다. 또, 만능 해결사가 되어서도 안 된다. 직원들이 스스로 할 수 있게 동기를 부여하고 환경을 만들어 준다면 스스로의 힘으로 돌아가는 고무동력비행기처럼 힘차게 비행할 것이다.

우리는
팀입니다

"오늘 이 예약 누가 잡은 거야? 오래 걸리는 진료인데 이렇게 잡으면 어떻게 해!"

실장님의 짜증 섞인 목소리가 들려온다. 또 시작이다. 내 기억이 맞다면 해당 예약은 지난주 실장님이 환자와 직접 통화한 후에 잡은 것이다. 하지만 그러한 사실을 입 밖으로 꺼내지 않았다. 늘 그래왔듯 "그래? 내가 그랬나?" 하고 넘어갈 게 뻔했기 때문이었다. 기분에 따라 판단의 기준이 달라지고, 본인에게만 관대한 실장님 때문에 진료실이 흔들린 적이 한두 번이 아니었다.

며칠 뒤, 예약 리스트를 확인해 보니 A환자의 보철물 세팅 일정이 잡혀 있었다. 내가 기공물 담당이어서 정리를 하는데 아무리 찾아봐도 그 환자의 기공물이 보이지 않는다. '뭐지? 예약이 옮겨진 건가?' 다른 날짜에 예약인데 오늘도 예약된 것으로 잘못 잡혀 있는 건가 싶어서 '예약 찾기'로 검색해 봤는데 오늘 오후 세 시 예약만 보였다. '뭐야? 기공소에서 실수한 거야? 아 정말. 이러면 컴플레인 생긴다구! 도대체 일 처리를 어떻게 하는 거야?'라는 생각에 씩씩거리면서 기공소에 전화를 했다.

"오늘 A환자분 크라운이 와야 하는데 안 왔어요. 어떻게 된 건가요?"

"그래요? 그럴 리가 없는데. 오늘 나가야 할 건 다 나갔는데. 이상하네요. 잠시만요. 확인해 볼게요."

환자분께 전화 드려서 뭐라고 해야 하나 싶은 생각에 기다리는 잠깐의 시간이 억만금의 시간처럼 느껴졌다.

"선생님, 지금 확인했는데 A환자분 기한이 촉박해서 어제 치과에 전화해서 말씀드렸어요. 예약 옮겨준다고 했었는데 혹시 못 옮기신 건가요?"라고 말하는 게 아닌가. 청천벽력 같은 소리였다. 이런 말은 들어보지도 못했을 뿐더러 예약도 그대로였다. '또 실장님인가?'라는 생각이 스쳐 통화를 종료한 뒤 실장님께 물어보았다. 그랬더니 돌아오는 실장님의 대답은 이랬다. "아. 그분? 예약 내일 모레로 옮겼고 크라운은 내일 올 거야. 내가 말 안 했나?"

하하하. 너무 허무했다. 진료시작 전부터 긴장하고 고민했던 내가 우스워졌다. 실장님의 이런 태도 때문에 힘든 적이 한두 번이 아니다. 본인의 잘못에는 관대하고 후배, 팀원에게 지시만 하는 중간관리자. 과연 중간관리자로서 올바른 태도인가? 이런 중간관리자들을 많이 경험한 나는 절대 이런 사람은 되지 않겠다고 결심했던 것이다.

　물론 잘못을 인정하고 사과하는 건 쉽지 않다. 나 또한 부모님께 이야기를 들어보면 어렸을 때 굉장히 고집 센 아이었다고 한다. 훈육 중에도 절대로 잘못했다는 말을 하지 않았고 덕분에 안 맞아도 되는 매를 두 배, 세 배로 맞았다고 한다. 학교라는 조직에서보다 직장생활에서 후배들과 함께 있을 때에는 내 잘못을 인정을 하는 게 더 어려웠다. 리더십을 잘못 배우고 인식한 선배들이 무조건 본인의 명령을 따라야 하고 더 좋은 의견이 있더라도 제시하지 못하게 하며 실수를 했음에도 실수로 인정하지 않는 히틀러식 리더십을 강요하기도 한다. 특히 병원에서는 조직의 규모가 작고 폐쇄적이라서 비슷한 경우를 많이 경험했었다.

　2018년 여름쯤 〈보헤미안 랩소디〉라는 그룹 퀸에 대한 영화가 흥행한 적이 있다. 나는 퀸도 잘 모르고 영화도 안 봤지만 영화의 일부분만을 보고도 프레디 머큐리에 대해 다시 생각할 수 있었다.

　프레디 머큐리는 그룹 퀸보다 자신이 더 빛나기를 바랐던 리더로, 멤버들이 자신의 명령에 따라 완벽하게 움직이기를 원했다. 그런데 다른 멤버들은 프레디 머큐리의 말대로 연주하려고 하지 않았고 다른 의견을 제시하기도 했으며 다른 곡을 제안하기도 했다. 프레디 머큐리는 그런 멤버들을 떠나 단독으로 활동하면서 자신의 뜻을 완벽하게 따라주는 밴드를 만났지만 막상 자신의 말에 순종하는 팀과 함께할 때에는 최고의 팀이 아님을 발견하고 기존 멤버들과 재결합을 요청했다.

이 장면을 보면서 팀에 대해 다시 생각하게 되었다. 팀이 한 목소리를 내기 위해서 리더가 '카리스마'라는 이름으로 억압하고 팀원들은 리더의 말을 법칙처럼 따르기만 해서는 안 된다. 리더도 사람이다. 모든 것을 알 수 없다. 실수를 하더라도 인정하고 모르는 게 있으면 팀원에게 도움을 요청해야 한다. 팀원 또한 상호작용으로 자신의 자리에서 능력을 발휘해야 한다. 리더만의 생각을 고집해서는 안 되고 팀원들이 자유롭게 의견을 제시할 수 있는 분위기를 만들어 주어야 한다. 그래야 팀원들도 자신의 능력을 인정받는 기쁨을 누리고 더욱 성장할 수 있다. 고인물은 썩기 마련이다. 그 고인물의 물꼬를 터 주기 위해서는 물길을 막고 있는 돌들을 재배치시켜야 한다.

나도 일할 때만큼은 완벽하고 싶고 실수하기 싫었다. 초창기에는 진료에 대해 몰라도 아는 척하며 얼버무리고 얼렁뚱땅 넘어가기도 했었다. 그랬던 내가 7년차에 만난 총괄실장님을 통해 나쁜 행동을 고칠 수 있었다. 실장님은 본인이 무엇을 잘하는지, 못하는지를 잘 알고 있는 그대로 자신을 인정하는 놀라운 재주를 가지신 분이었다. "내가 보험청구나 데스크업무는 잘 모르니까 구민경 실장님이 좀 알려 줘요."라고 말하며 본인의 부족함을 스스럼없이 밝히는 모습에 깜짝 놀랐다. 아무래도 직원교육과 환자관리, 병원경영을 주로 맡아서 하시다 보니 보험청구나 데스크업무는 부족한 부분이 있었다. 총괄실장의 자리에서 자신의 취약점을 먼저 밝히는 게 쉽지 않은 일인데 먼저 그런 모습을 보여 주니 나 또한 겸손하게 되고 돕고 싶은 마음이 자연스럽게 생겼다. 실장님은 잘 아는 진료부분은 직원들에게 별도의 교육을 해 주며 이끌어 주셨고, 부족한 부분은 직원들에게 업무를 분담하고 잘할 수 있게 도와주셨다.

총괄실장님 밑에서 배운 나는 그 후부터 직원들에게 내 취약점을 먼저 인정하고 이야기한다. 그것이 부끄럽거나 숨겨야 할 일이 아니라는 것을 알기 때문이다. 오히려 내 부족함을 인정함으로써 직원들의 숨은 역량을 끄집어내고 재능을 발굴할 수 있는 기회가 될 수 있다.

치과 내에서는 새로운 기구나 재료들이 끊임없이 개발되고 사용되고 있고 사용하는 원장님들마다 술식들이 조금씩 다를 수 있다. 아무래도 실장으로 일한 지 6년이 넘다 보니 진료실업무는 접촉이 줄어들게 되어 최신기구나 재료는 잘 모르는 경우가 종종 있다. 그럴 때마다 솔직하게 말한다. "저는 사용한 지 오래되어서 잘 몰라요. 팀장님이 최근에 저보다 더 많이 사용해 봤을 것 같은데 어떠세요?"라며 의견을 물어본다. 진료실 직원들 중에서도 정확히 아는 사람이 없으면 그때는 거래처에 직접 전화해서 확인하고 다 같이 재료에 대해 교육받을 수 있도록 자리를 마련하기도 한다.

처음에는 실장이 "모른다."라는 말을 하는 것이 불편하기도 하고 부끄럽기도 했지만 오히려 직원들과 서로 단점을 커버해 주고 장점을 극대화하면서 더욱 돈독해졌다.

꼭 리더가 모든 것을 알아야 할 필요는 없다. 오히려 직원들을 잘 관찰하고 그들의 재능을 발굴해 내어 적재적소에 배치시킬 때 빛이 난다. 나의 취약점을 인정하자. '나'만 빛나는 것이 아니라 하나의 '팀'이 되어 함께 빛날 때 그 팀은 유지가 되고, 건강한 조직문화로 자리잡게 될 것이다.

흔들려야
리더다

운전자가 아니더라도 내비게이션을 모르는 사람은 없을 테다. 어떤 경로로 가야 하는지, 지름길이 어디인지, 어디에 단속 카메라가 있는지까지 알려 주는 고마운 내비게이션. 요즘은 아는 길도 내비게이션을 켜고 가게 된다. 간혹 내비게이션이 평소와 다른 길을 알려 주었다고 해서 그 길이 틀린 것은 아니다. 상황에 맞는 다른 길을 찾는 것이다.

병원에서도 내비게이션의 기능이 필요할 때가 있다. 내가 실장이라는 이유로 내 말만 들으라고 주장하면 꽉 막힌 길에서 진퇴양난의 상황을 맞을 수 있다. 내가 근무했던 치과에서는 환자 접수, 차팅, 보험청구, 수납 등을 관리하기 위해서 사용하는 여러 가지 프로그램 중에 '덴트웹'이라는 전자차트를 도입해서 사용했었다. 4차산업 시대에 맞게 환자가 직접 접수할 수 있는 프로그램이었기 때문에 당연히 그 시스템을 활용해서 접수해야 한다고 생각했다. 직원들도 편하게 일할 수 있을 뿐 아니라 환자가 몰릴 때에는 환자 본인이 직접 접수를 하는 만큼 누락될 염려도 없었다. 무엇보다 다른 치과에서는 흔히 사용하지 않는 시스템이었기 때문에 환자들에게 최첨단 시스템을 사용하는 치과라는 인식도 심어 줄 수 있을 거라고 생각했다.

그러나 기대에 부풀어 시작한 것도 잠시, 나는 내 생각이 잘못되었다는 사실을 깨달았다. 초반에는 환자들도 처음 접해 보는 시스템에 힘들겠지만 한두 번 직원들이 도와주면 익숙해질 거라고 예상했다. 그래서 직원이 없더라도 환자가 스스로 접수할 수 있도록 설명서까지 만들어 두었다. 하지만 내원하는 환자분들이 50~60대로 직원이 직접 접수하는 것에 익숙해져 있는 고연령 환자분들이 대다수였다. 같은 층에 소아과가 있어서 젊은 부모님 환자를 기대했는데 이 또한 크게 잘못 생각했다. 엄마들이 내원하긴 했지만 아이와 함께 오다보니 양손이 자유롭지 못했다. 컴퓨터 앞에서 쓰다 보면 아이가 매달리고 방해를 하니 결국 직원들이 접수를 해 줘야 하는 상황이 많았다.

획기적이라고 생각했던 '환자 직접 접수 시스템'은 우리 병원만의 특별함을 보여 주지 못했고 오히려 번거로운 절차가 되어버렸다. 더 늦기 전에 결정을 해야 했다. 원장님께서 특별함을 위해 별도의 노트북과 접수 장소까지 마련을 하는 지원을 해 주셨지만 내가 이대로 더 고집했다가는 병원에 손해가 될 듯하여 다른 접수시스템 도입을 건의했다. 노트북은 상담실에서 사용하고 기존의 접수장소에서는 환자들이 편안하게 앉아서 종이에 작성해서 접수하는 시스템으로 말이다. 실장으로서 말을 번복한다는 게 자존심 상했지만 환자들이 더 편안해하는 걸 보고 서둘러 바꾸지 않은 것을 후회했다.

최근 경기도의 A치과에서도 비슷한 일이 있었다. 치과체어 위에 진료재료와 기구들이 정리되지 않아 지저분해 보이고 소독·멸균과 거리감이 있어 보인다는 의견이 있어 보철물을 조정하는 기구(bur stent)의 위치를 소독실로 옮겼다. 원래도 진료 준비를 위해서는 소독실에서 다른 기구들을 준비해야 하기 때문에 그때 같이 준비하려는 의도였다. 하지만 챙길 게 많다 보니 하나씩 빠뜨리는 일이 생겼고, 오히려 준비시간만 길어지게 되었다. 이때 준비를 미흡하게 한 직원을 탓했다면 목적지가 어디였는지를 잊고 다른 길로 갔을 것이다.

애초에 기구 위치를 변경한 것은 치과체어 윗부분을 깔끔하게 유지하려 했던 것이므로 '어떻게 하면 기구를 빠뜨리지 않고 준비할 수 있을까?'를 고민하는 게 아니라 '어떻게 하면 치과체어를 깔끔하게 유지할 수 있을까?'를 생각해 보게 되었다. 그 결과 진료 전후에 정리만 깔끔하게 한다면 기구가 반드시 소독실에 있을 필요는 없다는 결론이 내려졌다. 이후 직원들의 의견에 따라 치과체어를 깔끔하게 유지한다는 조건하에 진료재료와 기구들의 위치를 다시 치과체어 위로 변경했다고 한다.

문제를 해결할 때 가장 중요한 것은 무엇이 문제인지를 구체적으로 파악하는 일이다. 체어 위가 지저분해서 재료 위치를 변경했는데 오히려 재료 준비 누락과 같은 이전에 없던 문제가 초래된다면, 재료의 위치를 또다시 변경해야 할까? 그렇지 않다. '무엇이 문제일까?'에서 '어떻게 정리를 잘 할 것인가?'로 질문을 바꿔야 한다. 일을 하다 보면 직원들에게는 좋은 근무환경을 그리고 환자들에게는 효율적인 진료를 제공하기 위한 선택과 결정을 해야 하는 순간이 종종 온다. 이때 가장 주의해야 할 점은 문제를 잘못 진단하지 않는 것이다. 문제를 잘못 파악하게 되면 처음 제기한 문제와는 전혀 무관한 결론이 내려질 수도 있기 때문이다. 이는 직원에게도, 환자에게도 그리고 병원에게도 경제적이지 못한 일이다. 그리고 설령 직원들과 의견을 조율하고, 외부에서 좋은 정보를 얻어서 도입한 것이라고 해도 그것이 효과적이지 못하다는 것을 직시한다면 다시 한번 경로를 수정할 수 있는 용기도 필요하다. 팔랑귀처럼 보이지는 않을지, 실장으로서 역량이 부족한 것은 아닐지 걱정될 수도 있다. 그러나 여러 팀원들의 의견을 잘 듣고, 더 좋은 해결책을 내기 위해 노력하는 모습을 보여 주면 된다. 선택하고 결정한 것이 잘못되었다면, 경로를 바꿔가면서 성장시키는 게 진정한 리더다. 흔들려도 된다. 흔들려야 성장하는 리더다.

Q. 실장님의 출산휴가로 제가 실장을 맡게 되었는데, 무엇부터 해야 할지 너무 막막해요.

A. 진료실에서 근무하다가 실장의 포지션으로 승진한 것이기 때문에 오히려 잘되었네요! 진료실업무에만 국한되는 게 아닌 여러 가지 병원업무를 다 경험해 보실 수 있을 거예요! 축하합니다! 실장님이 출산휴가를 가기 전에 인수인계를 받으면 되는데, 간혹 인수인계를 한 번도 해 보지 않은 실장님이 계셔서 무엇을 어떻게 알려 줘야 할지 고민하는 분들이 많아요. 그럴 때에는 선생님께서 먼저 요청을 해 보세요. 순서는 중요하진 않지만 전임자에게 꼭 확인해야 할 것들부터 말씀드릴게요.

1. 병원거래처 파악하기

재료를 주문하거나 장비를 AS 해야 하는 등 갑작스런 일들에 대비해야 하고 재계약, 주기별 교육 등을 사전에 인지해 둬야 합니다.

2. 병원의 주요 정보 파악하기

병원 공인인증서, 심평원/국민건강보험공단의 로그인 정보, 비품 주문 사이트, 병원 대표메일과 비밀번호, 구인사이트의 아이디 비밀번호 등 데스크에서 총괄하던 실장님만 알고 있던 정보들을 매뉴얼화 해야 합니다. 마찬가지로 사업자등록증, 원장님의 신분증 사본, 입금계좌, 원장님의 면허번호, 요양기관번호 등을 파악해야 합니다.

3. 실 업무에 대한 교육

환자 접수, 수납, 예약, 콜 등 그동안 같은 병원에서 일했어도 데스크에서 담당하고 있던 업무들을 익혀야 합니다. 특히 요즘은 사보험 환자들이 많기 때문에 서류발급업무에 대해 확인하세요!

위의 세 가지만 정확히 인수인계 받아도 이후에는 크게 힘들지 않을 거예요. 업무적으로는 보험청구나 상담 등에 대해 공부한다면 더 좋을 것 같아요. 이 책의 부록을 통해 데스크업무적인 걸 봤는 데도 잘 모르겠다면 <데스크의 모든 것> 강의를 추천합니다. 정말 인수인계하듯이 하나하나 알려드려요!

Q. 큰 병원과 작은 병원 중 어디가 더 좋을까요?

A. 두 병원 모두 장단점이 있어요. 어떻게 일하고 싶은지를 먼저 생각해보셔야 해요. 큰 병원은 여러 케이스의 환자를 볼 수 있는 만큼 직원의 수도 많아 여러 명의 실장이 업무를 분담해서 일하게 됩니다. 상담실장, 경영실장, 총괄실장, 데스크실장 등 각 분야마다 장의 업무가 다릅니다. 보통 장들은 로테이션하지 않습니다. 이미 그 분야의 전문가로 일하고 있기 때문에 경영자의 입장에서는 전문가를 계속 해당 분야에서 일하게 하는 게 경제적이기 때문이에요.

작은 병원은 분야별로 업무가 분리되어 있지 않고 원장과 직원이 해야 하는 일 빼고는 거의 대부분의 업무를 해야 합니다. 병원마다 다르겠지만 시스템이나 체계가 없어 하나하나 만들어야 하는 경우가 많습니다. 이때, 내 힘으로 만들면서 배울 수 있다는 장점이 있지만 원장도 실장의 업무를 명확히 모르는 경우가 많기 때문에 원장과 대화를 통해 하나씩 맞춰 가야 하기도 합니다.

Q. 병원에서 오래 일할 수 있을까요?

A. 저 또한 이 질문에 대한 답이 굉장히 궁금했어요. 요즘 공무원 정년을 65세로 조정한다는 이야기가 있는데 그런 기사들을 보면 병원에서의 정년은 과연 얼마나 될지 생각하지 않을 수 없죠. 65세는 고사하고 40세까지는 일할 수 있을까? 저도 답을 찾아가고 있는 중이랍니다. 하지만 분명한 건 스스로 길을 만들어 가지 않으면 누구도 나를 책임져주지 않는다는 거예요. 치과위생사가 꼭 병원에서만 일하라는 법은 없습니다. 하지만 치과위생사로서 관련된 일을 하기 위해선 병원임상경력이 꼭 필요하죠. 강사나 컨설턴트를 하려고 해도 내가 뭘 알아야 교육을 해 주고 시스템을 구축할 수가 있어요. 치과 관련 회사를 입사하게 되더라도 임상경력이 있다면 일반 직원들과 차별화를 둘 수 있겠죠?

Q. 제가 직원들을 잘 통솔할 수 있을까요?

A. 유치원생만 되도 자기주장을 하는 게 사람입니다. 공산주의처럼 이래라 저래라 하는 통솔보다는 내가 직원일 때 뭐가 힘들었는지를 먼저 생각해 보고 '같이 일하는 직원들의 이야기를 들어줄 수 있는 사람이 되어 보자'라는 마인드를 가져보는 건 어떨까요? 내가 누군가의 미래

를 통솔해야 한다는 건 너무 무서운 생각 같아요. 함께 일하는 직원들이 의지할 수 있는 사람이 되어 보자고 생각한다면 어렵지 않을 겁니다!

Q. 저는 외모에 자신도 없고 내성적이라서 병원 실장으로 성공할 수 있을까요? (자신감 부족)

A. 제 책에 가장 처음 나오는 에피소드 제목이 '사실 나는 내성적인 사람입니다'예요. 보셔서 아시겠지만 저도 굉장히 내성적인 사람이었어요. 사회적으로 리더십이 생기게 된 거죠. 실장이 되고 싶은 마음이 있다면 못할 건 없습니다. 하지만 하고 싶다고 당장 할 수 있는 것도 아니예요. 진료실 팀장으로 먼저 도전해 보는 것도 좋을 것 같아요. 적게는 두세 명, 많게는 열 명 이상의 진료팀을 이끄는 팀장으로 실장과 진료팀 사이에서 중간관리자 역할을 먼저 해 보게 되면 조금씩 자신감이 늘면서 실장도 충분히 잘할 수 있을 거예요.

하지만 꼭 실장에 포커스를 맞추진 않았으면 좋겠어요. 남이 생각하는 나에 초점을 맞추기 보다 '내가 생각하는 나'를 먼저 바라보면서 나를 먼저 사랑해 줄 수 있는 사람이 되어야 합니다. 다온C.S.M컴퍼니에서 여러 과정을 하면서 추천 받아서 읽었던 씨앗도서 중에 자존감을 높일 수 있는 책을 추천해 드릴게요. 루이스L.헤이 작가의 《나는 할 수 있어》입니다. 나조차도 나를 믿지 못하는 상황에서 책이 나에게 확신을 주는 정말 따뜻한 책입니다.

2장

포기하지 말고
도전해 봐

퇴사 뒤에
숨기만 했던 시절

　꿈꾸고 고대했던 첫 사회생활. 내 발목을 잡은 건 다름 아닌 자기소개서 작성이었다. 취업을 하기 위한 가장 큰 관문, 자기소개서. 이것부터 통과해야 했다. 자기소개서를 쓰기 위해 몇날 며칠을 노트북 앞에 앉아 씨름했다. 이직을 위한 자기소개서 쓰는 것도 쉽지는 않은 일이지만 경력이라고 할 만한 게 없는 졸업생 신분의 취업준비생의 경우 더욱 막막해진다. 나의 경우엔 틈틈이 취득해 놓았던 자격증들을 포함해 조금이라도 도움될 만한 것들은 모조리 적었다. 그 결과 어렵지 않게 취업할 수 있었다.

　햇병아리 같았던 시절을 지나, 이제는 구태여 고민하지 않아도 이력서 한 페이지는 쉽게 채울 수 있을 만큼의 경력이 생겼다. 잦았던 이직 덕분에 다양한 병원업무를 경험했기에 쓸 거리도 많았다. 그러나 취업시장에서의 '잦은 이직'은 종종 족쇄가 되었다. 분명히 이직을 할 수밖에 없었던 이유들이 있었지만 이직이 잦은 면접자는 입사를 시켜 놓아도 오래 다니지 못할 거라는 선입견을 주기 마련이다. 그럴 때마다 '근무가 짧았던 병원 한두 곳은 경력에서 뺄 걸 그랬나?'라는 생각과 동시에 자신감도 곤두박질쳤다.

첫 이력서의 주인이자 모든 것이 처음이었던 첫 번째 직장. 나는 그곳에서 딱 10개월 근무하고 퇴사했다. 잦은 야근, 원장님의 히스테리와 더불어 실장님의 히스테리까지. 매일매일이 전쟁 같았다.

당시 1년차인 내게 가장 어려운 업무는 180도 누워 있는 사랑니 수술 발치의 어시스트였다. 실수하면 안 된다는 강박관념과 긴장이 더해진 탓인지 가장 중요한 '발치 전 동의서'를 누락시키는 큰 실수를 저질렀다. 수술하기 전 반드시 발생 가능한 내용들을 환자에게 설명하고 동의서에 서명을 받아야 한다. 그래야 추후 문제가 생겼을 시 증거자료로 활용할 수 있기 때문이다. 그런데 이 중요한 것을 깜빡하다니! 절대 있을 수 없는 일이 일어난 것이다.

원장님도 당연히 동의서를 받았을 거라 생각하고 확인하지 않은 채 수술을 시작하셨다. 사랑니의 치아뿌리가 휘어져 있다 보니 잘 나오지 않았고 진료시간도 지체되었다. 수술 도중 심상치 않다고 생각한 원장님은 발치전동의서를 찾으셨다. 이내 동의서가 없다는 걸 인지하시고는 들고 있던 elevator(발치기구)를 진료테이블 위에 내던졌다. 순간 아차 싶었지만 때는 이미 늦었다. 기구들의 마찰 소리에 놀란 실장님이 데스크에서 진료실로 들어오셨고 팀장님에게 나와 손을 바꾸라고 지시하셨다. 뒷수습은 팀장님에게 맡기고 상담실로 불려가서 실장님께 눈물이 쏙 빠지도록 혼이 났다.

물론 내가 실수한 것이 맞다. 그런데 애초에 이제 막 입사한 1년차에게 그런 중요한 수술을 맡긴 것 자체가 문제였다. 중요한 환자라면 중간관리자가 미리 동의서를 확인하고 환자에게 설명을 했어야 했다. 그런데 그런 중요한 업무를 데스크에서 희희낙락거리느라 잊어 놓고 애꿎은 나를 혼내는 실장님과 팀장님이 이해되지 않았다. 그저 억울하기만 했다. 결국, 이런 상황이 반복되면서 견딜 수 없었던 나는 퇴사를 했다.

두 번째 직장에서는 14개월간 근무했다. 1년차 때 일을 배울 틈도 없이 바쁜 병원에서 주먹구구식으로 일하는 게 싫었던 나는 체계를 갖춘 병원에 입사하고 싶었다. 하지만 어떤 병원이 체계적인지 확인할 길이 없어 답답했다. 체계적으로 배울 수 없다면 차라리 부족한 부분은 세미나로 보충할 수 있는 시간을 가질 수 있는 한가한 병원에서 근무하는 게 낫겠다는 결론을 내렸다. 그래서 환자가 많지 않아 보이는 한 검진병원 내 치과에 입사하게 되었다.

그렇다고 마냥 한가하고 배울 게 없는 병원은 아니었다. 한 달에 네 번씩 교정원장님이 오셔서 교정 진료도 배울 수 있었고, 검진 후 진료로 이어져 일반진료도 배울 수 있었다. 물론 진료스케줄이 많지 않았기 때문에 한가한 시간에 치과건강 보험청구를 따로 공부할 수 있었다. 치과 내에서 받지 못하는 성취감을 외부에서 느끼면서 나름 병원생활에 만족했다. 그런데 이번에는 전혀 다른 문제가 발생했다. 검진환자들의 수요가 많지 않은 탓에 폐업 위기를 면하지 못한 것이다. 그렇게 또 한 번의 퇴사를 해야했다.

세 번째 직장은 강남 한복판의 교정치과였다. 이곳에서는 1년 6개월 동안 재직했는데, 그 어떤 병원에서보다 열정적으로 일했다. 병원규모가 컸던 만큼 도움 받을 동기 및 선후배들 역시 많았기에 변화된 환경에도 어렵지 않게 적응할 수 있었다. 다만, 이곳은 환자담당제가 아님에도 불구하고 한 달에 한 번씩 주기적으로 내원하는 환자들이 드물게 치과위생사를 지정하기도 했다. 지정을 받는다는 것은 능력을 인정받는다는 말이기도 하다. 나는 하루에 한 명 이상은 꼭 지정환자가 있었다. 누군가에게 인정받는다는 성취감 속에 일을 하다 보니 하루하루가 즐겁고 재미있었다. 환자분들이 더욱 편안하게 진료 받을 수 있도록 도와주고 싶었고 케어에 신경썼다.

그렇게 일하기를 1년, 예상치 못한 문제가 생겼다. 사람마다 걷는 자세, 일하는 자세가 다르듯 치과위생사들도 진료하는 자세가 모두 달랐다. 그런데 전혀 인지하지 못하고 있었던 나의 잘못된 진료 자세는 1년쯤 지나자 목 디스크 증상으로 이어졌다. 양쪽 팔이 저려서 잠도 제대로 못 이룰 지경까지 되어서는 매주 도수치료, 물리치료를 받아야 했다. 집 근처 병원에서 받은 치료가 효능이 전혀 없자 부모님께서는 용하다는 병원을 알아봐 주셨고 일주일에 한 번씩 서울에서 대전으로 치료를 받으러 다녔다. 그러나 아무리 용하다는 치료도 습관적으로 굳어져 버린 나의 잘못된 자세 앞에서는 무용지물이 되었다. 오래 일하고 싶었던 병원이었지만 결국 치료를 위해서 퇴사할 수밖에 없었다.

네 번째, 다섯 번째, 여섯 번째 직장에서는 공무원 공부를 하기 위해서, 생각했던 근무환경이 실제와 거리가 너무 멀어서, 원장님의 권고사직으로 퇴사하게 되었다. 2년을 근무했던 일곱 번째 직장에서는 지속적인 매출 하락으로 치과 규모를 축소하면서 상담실장의 역할이 필요하지 않게 되어서 퇴사하게 되었다. 그 후 여덟 번째, 아홉 번째, 열 번째 병원까지 원장님과 뜻이 맞지 않아서 퇴사하게 되면서 마지막 사직서를 날렸다.

처음에는 이직을 하는 것이 부끄럽지 않았다. 이직을 하면서 그곳에서 새롭게 만나게 되었던 선배들이 오히려 날 부러워하는 것을 보고 뿌듯하기도 했다.

"나는 1년차 때부터 계속 여기에 있어서 이제는 이직하기가 무서운데, 민경 선생님은 이직 많이 해 봐서 다른 치과에서 어떻게 하는지도 알고 여러 가지 다 배워서 좋겠다!"

하지만 이직의 횟수가 잦아지고 고연차가 되면서 이직을 위해

면접을 보게 될 때마다 좋은 시선으로 보지 않는다는 걸 느꼈다. '이직을 많이 했으니까 분명히 우리 병원에서도 금방 이직하겠지.'라는 생각이셨던 것 같다. 그래서 보란듯이 더 오래 근무하고 싶었지만 결국에는 오래 버티지 못하고 원장님들의 장담대로 이른 퇴사를 하게 되었다.

돌이켜 생각해 보면 물론 힘들기도 했고 이상한 병원을 만나기도 했지만 나에게도 문제가 있었다. 특히 고연차가 되어 중간관리자의 역할을 담당했을 때는 중간관리자로서 직원관리와 원장님과의 커뮤니케이션이 원활하게 되지 않았던 것이 문제였다. 둘 사이에서 아슬아슬하게 줄타기를 하던 나는 결국 '원장이 이상해'라는 결론을 내리고 퇴사했다. 그렇게 퇴사라는 빌미로 도망만 다녔던 것이다.

요즘 치과위생사 커뮤니티에 들어가면 퇴사고민 글이 많이 보인다. "○○○ 조건인데 계속 일하는 게 맞을까요?" 여러 조건과 상황들을 늘어놓으며 퇴사하는 게 맞는지 묻는 질문들. 그 질문에 대한 답은 본인이 가장 잘 알 것이다. 정말 병원의 문제라면 당장 그만두고 나와도 좋다. 하지만 과연 그 병원만의 문제인지, 자신의 문제점은 없는지 고민해 봤으면 한다.

소크라테스의 '네 자신을 알라'의 속뜻은 '자만하거나 과욕을 부리지 말라'가 아닌 '네 영혼의 주인이 되라.'라는 말이라고 한다. 나 또한 여전히 내 영혼의 주인이 되기 위해 내 자신을 들여다보려고 부단히 노력 중이다. 부디 도망 다니지 말길. 도망 간 곳에 낙원 없다는 말처럼 아무리 도망 다녀도 결국 근본적인 원인이 해결되지 않으면 어디를 가든 똑같은 일로 문제가 발생될 것이다.

먼저 나 자신을 정확하게 바라보는 연습을 하자. 나의 장단점을 잘 알고 부족함을 인정할 때 성장의 밑거름이 될 것이다.

💡 병원에 입사하려면 무엇을 잘 준비해야 할까?

가장 중요한 건 '나' 자신을 파악하는 일!

누군가의 이력서를 한 번이라도 보았던 경험이 있는가? 이력서만 봐서는 이 사람이 어떤 성향을 가졌는지, 나와 잘 맞을 사람인지 짐작하기 어렵다. 그래서 보완을 위해 자기소개서를 꼭 같이 받는 병원도 있지만 자기소개서 또한 점점 정형화되어가면서 정말 자신을 잘 표현했는지 알 수가 없다. 요즘은 자기PR시대라고 한다. 거창한 포트폴리오가 아닌 진짜 나를 나타내줄 수 있는 포트폴리오로 나를 대변해 보자. 포트폴리오를 만들기 위해서는 나를 먼저 파악하는 게 중요하다. 내가 진짜 뭘 잘하는지, 뭘 못하는지, 뭘 하고 싶은지를 기록한다면 병원에서도 바라는 인재상이 맞는지 확인할 수 있고, 면접을 가서도 병원 측에 확인해야 하는 질문이 달라질 것이다.

예를 들어 치아 인상 뜨는 걸 아무리 연습해도 실력이 늘지 않고 있다면 구강스캐너에 대해 공부해서 인상채득보단 구강스캐너를 사용하는 치과를 찾아야 하고, 면접 시에도 이를 어필하거나 요구할 수 있어야 한다는 것이다.

완벽한 병원은
없다

"A치과는 야간진료 두 번에 연차는 5일이지만 월급이 10만 원 정도 많아. B치과는 야간진료는 한 번밖에 없지만, 연차가 4일이고 월급은 A치과보다 10만 원이 적어. 원장님들은 두 병원 모두 괜찮았던 것 같고 직원들 연차 구성도 나쁘지 않았는데, 어디가 좋을지 모르겠어. 어떻게 하면 좋을까?"

5년 전, 내가 이제 막 실장경력 1년차로 이직을 준비하면서 동기와 나눴던 대화이다. 그녀도 섣불리 어느 한 병원을 선택해 주지 못하고 나의 생각을 다시 물었다.

"A치과가 야간이 두 번이긴 한데 반차가 있으니까 B치과랑 근무시간은 똑같잖아. 두 병원의 조건이 거의 비슷하니까 10만 원이라도 월급이 더 많은 곳이 좋지 않을까? 쉬는 날도 많고, 월급도 많고, 원장님이랑 직원들도 다 좋고! 나 이번에는 정말 내가 바라던 치과를 만난 것 같아."

야간진료가 주 2회라 일주일에 이틀은 늦게 퇴근해야 한다는 단점이 있었지만 휴가도 하루 더 있고 월급도 많았기 때문에 A 치과를 선택했다. 드디어 꿈의 직장을 찾았다고 생각했지만 그 기쁨은 한 달도 지속되지 못했다. 막상 근무를 해 보니 내가 생각한 병원이 아니었다. 직원들은 경력과 무관하게 일에 대한 의욕이 없었고 원장님 또한 환자를 돈으로만 생각하고 계셨다.

"우리 병원은 환자분들도 나이스하고 직원들도 큰소리 내는 사람 하나 없어요. 내가 사사건건 이래라 저래라 잔소리하는 스타일도 아니기 때문에 일하기 편할 거예요. 우리 병원은 다양한 진료를 하기 때문에 여러 가지 진료케이스는 많이 볼 겁니다."

면접 당시, 원장님의 병원 소개는 이러했다. 매출 외에는 별다른 관심이 없었던 원장님 눈에는 직원들이 병원을 어떻게 생각하고 있는지, 그들의 업무 태도는 어떠한지 전혀 보이지 않았던 것이다. 병원과 내가 동시에 성장할 수 있는 병원을 기대했던 나는 문자 그대로 취업사기를 당한 기분이었다.

여러 병원들의 조건과 근무 환경 등을 꼼꼼하게 비교해 보고 따져본 뒤 선택한 치과였다. 한동안은 원장님이 거짓말을 한 건지, 내가 선택을 잘못한 건지 따져 보기 바빴다. 하지만 어디서부터 꼬여 버린 건지 찾을 수 없었다. 그러다 시간이 한참 지나서 알게 되었다. 병원의 문제보다는 내가 나를 모른다는 게 가장 큰 잘못이었다는 것을. 어린 날의 나는 휴가, 직원구성, 연봉, 출퇴근 시간, 업무 강도 등 모든 게 완벽한 병원만 찾고 있었다. 물론 내가 갈망하는 '그런 병원'은 어딘가에 존재할 수도 있다. 그러나 해당 병원에서 날 필요로 할지는 알 수 없는 일이었다.

좋은 병원에서 근무하고 싶은가? 그렇다면 좋은 병원을 찾기 전, 내가 정말로 원하는 게 무엇인지부터 생각해 보자. 복지가 중요한지, 월급이 중요한지, 원장님뿐 아니라 직원들과도 마음이 잘 맞는 게 중요한지를 생각해 봐야 그에 맞는 병원과 조건들을 비교할 수 있다. 포기할 수 없는 가장 중요한 조건을 먼저 고려하고 나머지 조건을 얼마만큼 포기할 수 있는지에 따라 병원을 비교하는 관점이 달라지고 근무하면서 내가 할 일도 달라지는 것이다.

나는 동기들이 다니고 있는 병원 자랑을 들을 때나, 그와 비슷한 이야기들이 커뮤니티에 올라올 때면 종종 부러운 마음이 들곤 했다. 그러면서 내 머릿속에는 각 병원들의 장점만 모아 놓은 꿈의 병원이 지어져 있었다. 연봉도 높고, 직원들 간의 사이도 좋고, 다양한 실무들을 배울 수 있는 그런 병원 말이다. 그러나 나는 가장 중요한 한 가지를 간과하고 있었다. 꿈의 병원이 존재한다면, 그곳에는 분명 원장님들이 오랜 시간 바라왔던 꿈의 직원이 필요할 것이다. 더 나은 환경, 더 좋은 조건으로 일하고 싶다면 그에 맞는 역량부터 갖추어야 한다. 업무의 우선순위를 설계하고, 직원들의 성향과 역량에 따른 업무 배치를 하여 더욱 성장하는 병원을 만들 수 있어야 한다. 혼자서 잘하는 그런 실장이 아니라 '함께 나아가는 병원을 만드는 실장'이 되어야 하는 것이다.

이제 더 이상 '그런 병원'은 없다. 눈에 보이는 것에 집중하기보단, 중간관리자로서 무엇을 해야 할지부터 고민하자. 부족한 것은 겸허히 받아들이고 부족한 것을 채우기 위해 무엇을 해야 할지 생각하자. 나를 있는 그대로 인정할 때 더 큰 성장으로 나아갈 수 있을 것이다.

💡 나는 어떤 실장인지 궁금하다면 아래의 물음에 답해보자!

- 실장으로서 본인의 가치에 대해 생각하고 비전을 그려본 적이 있는가?
- 중간관리자의 업무가 무엇인지 파악하고 있는가?
- 조직의 관리자로서 조직원들의 커뮤니케이션을 위해 어떤 노력을 하고 있는가?
- 실장의 피드백으로 성장한 직원을 본 경험이 있는가?
- 매뉴얼을 만들어 본 경험이 있는가?
- 실장으로서 직원들에게 교육을 해 준 경험이 있는가?

나는 성장하는
실장이다

"민경 선생님은 1년차답지 않게 치아인상 하나는 정말 잘 뜨네요."

"스케일링 받는 게 처음으로 아프지 않았어요. 꼼꼼히 해 주셔서 감사합니다."

대학을 졸업하고 처음 임상에서 근무를 시작했을 때에는 이론과 실전이 달라 어렵기도 했고 마음과 다르게 실수도 잦아서 힘들었다. 병원생활이 너무 고됐지만 퇴근 후에 병원에 남아서 임시치아 연습도 하고, 선배들을 따라다니며 똑같이 하려고 애썼다. 그렇게 6개월 정도 노력하니 원내 기공실장님과 환자분들에게 조금씩 인정받고 칭찬받는 날도 늘게 되었다.

그 후부터는 일 못한다는 말을 들어 본적이 없었다. 3년차에 강남역 한 가운데에 위치한 치과로 이직을 했었다. 처음에는 진료팀원으로 입사했었는데 일 잘하고 똑소리난다며 보철과와 교정과에서 로테이션으로 진료팀장을 해 볼 것을 권유받았다. 3년 차에 진료팀장이라니! 어깨가 으쓱했다.

사실 내가 생각해도 나는 정말 일을 잘했다. 남녀노소 환자에 따라 응대도 잘하고 원장님 어시스트도 손발이 척척 맞았으며 진료업무 스킬도 뛰어났다. 예민한 환자들이나 다른 직원에게 컴플레인을 제기했던 환자가 오면 내가 지정을 받을 정도로 문제없이 잘 처리했기에 원장님의 인정은 물론이거니와 선배와 후배들과도 사이가 좋았다. 그렇게 진료팀장으로서 인정받으며 즐겁게 일을 했다.

하지만 이 병원은 10년 이상 장기 근속한 실장님들이 자리 잡고 있어서 내가 설 곳이 없었다. 내 능력을 인정받고 성장하고 싶어 한 번 더 이직을 결심했다. 이직한 곳은 이전에 비해 작은 치과였지만 실장으로 입사할 수 있어서 그런 건 아무래도 상관없었다. 실장이 되면 연봉도 오르지만 무엇보다 그동안 경험해 보지 못했던 데스크업무, 환자관리, 직원관리, 경영관리, 상담까지 모두 아우르며 일할 수 있고, 배울 수 있기에 실장은 신입시절부터 내 꿈이었다. 이 모든 업무를 마스터하면 좀 더 큰 병원의 총괄실장으로 취업할 수 있고, 더 나아가 컨설턴트로서의 역량도 키울 수 있었다. 꿈에 한 발자국 나아가게 된 것이다.

그런데 입사 첫 날, 나는 멘붕에 빠졌다. 작은 치과다 보니 업무가 분리되어 있지 않아서 데스크업무를 보면서 환자가 많아 바쁠 때에는 진료백업도 하면서 간간히 상담도 병행해야 했다. 데스크업무나 상담, 보험청구에 대해서는 전혀 준비 없이 배울 수 있다는 의지와 의욕만 가지고 시작했기 때문에 모르는 것 투성이였다. 옆에서 알려 주는 사람 하나 없어 혼자 업체나 관공서에 전화해 보고 검색하고 책을 찾아보면서 해결해 갔다. 주말을 반납하고 매주 세미나를 다니면서 공부했다. 하지만 실장이라는 자리는 만만치 않았다. 진료만 잘한다고 되는 것도 아니었고 환자응대만 잘한다고 되는 것도 아니었다. 병원이 작아서 나와 직원 한 명, 단 둘뿐이었지만 한 명뿐인 직원관리도 힘들었다. 원장님과 직원 사이에서 적당한 관계를 유지하면서 병원이 성장할 수 있도록 이끄는 일이 버겁고 힘들었다. 실장 업무도 아닌, 관계를 맺는 일이 이토록 어려운 일인지 몰랐다.

결국 사건은 터졌다. 올 것이 온 것인지도 모른다. 최대한 중심을 잡으려고 했지만 나도 모르게 직원과 환자의 편에 서게 되었고 원장님과 대립하는 일이 잦아졌다. 그 순간에는 직원과 환자의 편에 서는 게 옳다고 생각했고 그렇게 행동했는데 그게 원장님의 비위를 거스른 것일까? 결국 원장님의 청천벽력 같은 말을 들었다.

"실장님이랑 더 이상 일 못하겠어요."

처음에는 받아들일 수 없었다. 아니, 도저히 받아들여지지 않았다. '내가 병원을 위해서 얼마나 노력했는데, 원장님이 이상한 거야.'라고 생각하며 현실을 부정했다. 나는 옳고 원장님은 틀린 것만 같았다. 처음으로 마주한 실패를 인정하는 게 힘들었던 거다. 그렇게 나는 '두고 봐. 보란 듯이 성공할 테니까.'라고 생각하며 더욱 마음을 굳게 먹고 규모가 큰 병원으로 이직을 했다. 규모가 있다 보니 총괄실장님 아래 데스크 코디네이터 두 명이 있는 데스크 팀으로 상담실장이라는 직책으로 입사를 하게 되었다. 새로운 도전과 경험에 설렜다.

첫 출근을 앞둔 늦은 밤, 이전의 실수들을 다시 한 번 되새겼다. 이곳에서는 내 주장만 고집하지 말고 배운다는 마음으로 일해 보자고 다짐했다. 진료실에는 4년 이상 장기 근속한 나와 같은 연차의 진료팀장이 근무하고 있었다. 같은 연차에 같은 나이임에도 불구하고 부서가 다르고, 직책이라는 형체 없는 자리 때문에 가까워질 수 없었다. 어차피 상담실장으로 입사했기에 그저 내 일만 잘하면 될 것이라고 생각하고 직원들에게 특별한 터치 없이 그저 묵묵히 일만 했다. 그런데 그런 내 행동이 오히려 오해를 불러일으킨 것일까? 진료팀장과 나 사이에는 기묘한 기류가 흘렀고 사소한 것에도 트러블이 생기기 시작했다. 진료실 직원들은 아무래도 진료실에서 자주 마주치는 팀장을 더 따랐기에 실장이지만 부서가 다른 나를 조금씩 멀리하기 시작했다. 그렇게 진료실과 데스크의 골이 점점 깊어지고 멀어져 갔다.

나는 시간이 해결해 줄 거라고 믿었다. 아니, 사실은 어찌할 바를 몰라 회피했다. 사람과의 관계는 내 힘으로는 도저히 어찌할 수 없는 것 같았다. 그럴 능력도 없었다. 그렇게 도망만 다니던 어느 날 결국 또 한 번의 사직서를 내밀어야 했다.

'이건 나의 더 큰 성공을 위한 퇴사일 뿐이야'라고 내 자신을 다독이려고 애썼지만 사실 알고 있었다. 나는 부족하다는 것과 또 한 번 병원생활에 실패했다는 것을. 패배감과 낮은 자존감 속에서 한동안 너무 힘들었다. 무엇이든 해낼 자신이 없었다. 거울 속에는 인정받기 바빴던 '치과위생사 구민경'은 온데간데없고 '실패한 실장 구민경'만 남아 있었다.

한동안 무력감 속에서 성공과 실패에 대한 생각을 하면서 무엇이 성공인지 답을 찾아 헤맸다. 무엇이 성공이고 무엇이 실패인지, 퇴사하지 않고 오랫동안 잘 다니는 것이 성공인지 그리고 동기들보다 연봉이 높으면 괜찮은 삶인 것인지 끊임없이 생각하게 되었다.

최근 SBS 예능 〈집사부일체〉에 '파워풀엑스' 박인철 대표님이 출연해서 사업 과정을 성공과 실패에 빗대어 말씀해 주신 것이 기억에 남는다.

"저는 사업을 여러 번 했지만 한 번도 실패한 적이 없습니다. 실패는 더 이상 도전하지 않고 멈추는 것이 실패입니다. 하지만 저는 한 번도 도전을 멈추지 않았고 지금도 계속 도전을 하고 있으니 실패하지 않았습니다."

그의 말을 다시 한 번 되뇌어 본다. 나는 퇴사와 이직을 반복하면서 실패한 사람이라고 스스로 자책했었다. 하지만 그 속에는 배움이 있었고 성장이 있었다. 이제 나는 더 이상 남의 시선과 잣대에 나를 맞추지 않을 것이다. 주변의 칭찬에도 춤추지 않을 것이고, 누군가의 질타에도 쉽게 좌절하지 않을 것이다. 그저 내 부족함과 강점을 잘 알고, 묵묵히 내가 꾼 꿈을 향해 한 발 한 발 내딛을 것이다.

나는 더 이상 도망치지 않는다. 나는 아직 성장하는 실장이다.

💡 **저는 실장 업무가 어렵고 진료실업무만 하고 싶어요.**
꼭 실장이 되어야 하나요?

진료실업무만 오래도록 일하는 게 가능하고, 실제로 그렇게 하는 분들도 있습니다. 하지만 병원에 다니다 보면, 특히 그곳에 대형 병원이 아니라면 연차가 쌓이면서 점차 실장 업무, 상담실장 업무를 맡아야 하는 경우가 있을 수 있습니다. 그럴 때마다 번번이 자리를 고사하거나, 다른 병원으로 이직할 수는 없겠죠. 병원 실장 업무는 처음에는 어려워 보이지만 병원에서 일하는 나를 성장시킬 수 있는 좋은 기회가 되기도 합니다. 물론 갓 입사한 치과위생사라면 본연의 업무에 충실해야 하겠지만, 점차 실력을 쌓고 병원 일에 익숙해지면서 경력을 쌓고 성장해 나갈 수 있기를 바랍니다.

외로운
자리

열 번 이상의 이직을 경험한 만큼 다양한 실장들을 보고 겪었다. 저연차 때는 '실장님은 나랑 같지 않구나.'라는 생각을 많이 했다. 왠지 직원들 편에 서 있다기 보다는 원장님이나 병원의 편인 것 같았다. 그래서 직원들에게 실장은 '공공의 적'이었다.

같은 직원으로서 근무환경을 개선해 주기는커녕 뒷굽이 닳을 대로 닳은 근무화를 내밀며 아직 신을 만하니 더 신으라고 타박하거나, 어려운 업무를 교육도 하지 않고 맡겨 놓고 실수하면 호되게 혼을 내는 실장. 실장으로서 직원들을 보듬어 주는 것이 아니라 본인 살 궁리만 하는 실장들이 많았다. 그런 실장 밑에서 믿고 신뢰하며 따르기란 쉽지 않았다.

간혹 직원들과 함께 원장님 욕을 하는 실장을 만나기도 했다.

그런데 그때에도 실장이 우리와 같은 직원이라는 생각보다는 '실장인데 왜 욕만 하지? 이 상황을 해결해야 하지 않나?'라는 생각을 했다. 해결하려는 의지보단 직원들과 있을 때에는 원장의 욕을 하고, 원장에게 가서는 직원 흉을 보는 위태로운 줄타기를 하며 이간질을 하는 것이다. 직원들은 실장과 같이 하하 호호 맞장구치면서 즐기지만 막상 실장이 자리를 비우면 "실장님 좀 그렇지 않냐?"라며 험담이 시작된다.

물론 험담을 하는 직원들도 잘못되었지만 그렇게 만든 실장 또한 문제가 있다고 생각한다. 실제로 실장과 잘 지내는 팀장이 실장이 없으면 험담하는 것을 보고 '나는 절대 저런 선배는 되지 말아야지. 직원들이 한마음으로 일할 수 있게 만드는 실장이 되어야지.'라고 다짐했다.

몇 년 뒤, 그렇게 고대하던 실장이 되었고, 그동안 봤던 실장과는 다른 모습을 보이기 위해 노력했다. 개인적인 이유로 나빠진 기분을 공적인 자리에서 표현하지 않으려고 했고, 진료적인 것뿐만 아니라 사무업무에서도 내가 제대로 파악하기 전까지는 직원들에게 지시하지 않으려고 했다. 내가 잘 알고 있어야 직원들이 업무를 잘하고 있는지 아닌지 확인이 가능하기 때문이다. 뿐만 아니라 시기에 따라서는 적절한 가이드라인도 제시해 주어야 하는데 내가 모르는 업무에 대한 기준을 마련해 줄 수는 없는 노릇이었다. 그래서 더 정확하게 알기 위해 세미나를 다니며 공부했다. 명확하게 알고 나면 그때 직원들에게 알려 주고, 직원들도 추후에 그렇게 할 수 있도록 지도했다.

진료 종료 후, 업무가 남아 있어도 가능하면 직원들 먼저 퇴근 시켜주려고 했고 혼자 잔업을 하더라도 기분 좋게 보내 주었다. 그렇게 하면 자연스럽게 실장으로서 존경받고 나 또한 실장으로서 업적을 세울 수 있을 것이라고 생각했다. 그렇게 6년간 실장으로 근무하면서 여러 노력을 했고 나름 성과도 남겼다. 하지만 내면은 외로웠다. 왠지 나만 따로 동떨어진 느낌을 지울 수 없었다. 중간관리자라는 직책 자체가 직원과 가까워질 수 없는 자리라고는 하지만, 내가 직원들 일까지 좀 더 맡아서 하고 진심으로 다가가면 충분히 알아줄 것이라고 생각했다. 그러나 내가 용기를 낼수록 직원들은 선을 긋고 거리를 두는 것 같았다.

직원들의 업무 태도도 한몫했다. 환자가 없으면 기구와 재료 정리를 하거나 환자 리콜을 하거나 본인이 맡은 업무를 하거나 하다못해 청소를 해야 하는데 직원실에 삼삼오오 모여서 수다 떨기 바빴다. 나름 배려해서 업무 분장도 하고 도와주었는데 그건 당연한 것이 되었고, 그들에게 열심히 해야 할 당위성을 부여하지 못했다. 불만이 있어도 내 앞에서 당당하게 말하는 것이 아니라 투덜거렸다. 내가 왜 그러냐고 물어도 명확한 이유를 말해 주지 않았다.

좀 더 가까이 다가가고 싶어도 다가갈 틈을 주지 않았다. 그런 직원들의 모습에 적지 않은 상처를 받았다. 직원들에게 이전에 내가 경험했던 실장의 모습을 보여 주고 싶지 않아서 배려하며 노력했는데 결과가 이렇게 돌아오다니. 직원들의 태도가 내 생각을 다시 돌아보게 했다. 그때 같이 근무하던 총괄실장님이 한 말씀이 떠올랐다.

"민경아, 원래 실장은 외로운 거야. 직원들도 이 자리에 올라와봐야 그 맘을 알 거야. 잘해 주고 싶은 마음 따라서 잘해 주더라도 너무 많은 걸 기대하진 마. 그리고 함께 일하는 직원들도 실장이라는 타이틀이 있기 때문에 쉽게 다가갈 수 없는 거야."

그 말을 듣고 실장은 원래 외로운 자리라는 사실을 알았다. 그래서 예전 실장님들이 직원과 선을 긋고 본인위주의 행동을 하셨던 것일까? '어차피 외로운 자린데 그냥 편하게 근무해야지.', '어차피 말해도 그대론데 그냥 내 마음대로 지시하고 명령해야지.'라고 말이다. 그렇다면 나도 굳이 마음 다 줬다가 상처받지 말고 그냥 내버려두고 내 할 일만 잘하는 것이 좋지 않을까?

그런 고민을 하던 와중에 다온C.S.M컴퍼니에서 진행하는 '병원전문강사과정'을 알게 되었고, 나의 업무를 좀 더 확장하고 싶은 마음에 수강 신청을 했다. 강사과정 중 이세리 대표님이 보여주신 영상 중 기억에 남는 것이 있다. 기러기에 대한 영상이었다.

철새인 기러기는 계절에 따라 이동한다. 약 4만 킬로미터를 날아가는데 V대형의 맨 앞의 리더 기러기가 수많은 기러기를 이끈다. 혼자 나는 것보다 리더가 이끄는 대로 날아갈 때 기러기의 71%가 쉽게 날 수 있다고 한다. 뒤따르는 기러기들은 먼 길을 날아가는 동안 쉬지 않고 울음소리로 리더에게 응원의 소리를 보낸다. 그중 한 마리가 총에 맞거나 다쳐서 대열을 이탈하면 다른 두 마리의 동료 기러기가 함께 대열을 이탈해 다친 동료가 다시 날 수 있을 때까지 곁을 지키다가 대열에 합류한다. 그렇게 새 보금자리를 향해서 동료를 의지하면서 날아간다.

기러기의 모습을 보고 있으니 자연스레 병원이 떠올랐다. 대부분의 병원에서는 원장 아래에 실장과 팀장이라는 중간관리자가 있고 그 아래에 직원들이 있다. 원장 혼자서 열심히 날갯짓을 하더라도 직원들이 뒤따르지 않으면 대열이 흩어지게 된다. 열심히 날다가 중간에 지쳐 쓰러지기도 한다. 그럴 때 힘이 남아 있는 직원이 응원해 주고, 목표하는 곳까지 날아갈 수 있도록 이끌어 준다면 어떨까? 오해하지 말아야 할 것은, 모든 업무를 대신하라는 의미가 아니다. 연차가 낮을 경우 하고 싶어도 하지 못하는 업무가 있기 때문이다. 좋은 아이디어가 있다면 주저하지 말고 제시해 보자. 시스템을 구축하는 데 도움이 될 뿐 아니라, 리더의 힘을 지탱해 주는 역할도 된다. 사소한 의견이라도 자유롭게 주고받는 분위기가 형성된다면 머지않아 기러기 떼와 같은 병원을 만들 수 있다.

지금까지 나는 직원 탓, 원장 탓, 상황 탓만 했다. '나는 정말 잘했는데 원장이 이상해.', '나는 정말 불경기에도 최선을 다했는데 환자가 오지 않은 걸 어떡해.', '나는 좋은 시스템을 구축하고 싶었던 건데 직원들이 안 따라 주는 거야.'라며 나를 위로해 왔다. 그렇게 해야만 내가 버틸 수 있었기 때문이다. 실은 내가 진짜로 잘하는 줄만 알았다. 그러나 무수한 시행착오를 겪은 지금은 안다. 나 혼자 잘한다고 조직이 잘 되는 것이 아니라는 것을. 조직의 비전을 향해 각자 맡은 역할을 충실히 하되 조화롭게 날아갈 수 있도록 조율해야 한다는 것을. 그동안 '조율'이 아닌 '통보'를 했다는 것도 이제 조금씩 알아 가고 있다. 그리고 이렇게 몰랐던 것을 '알아차렸다'는 것만으로도 다시 일어설 수 있는 힘이 생긴다.

실장자리는 원래 외롭다고? 물론 그렇긴 하지만 그렇기에 흔들림 없이 병원의 비전을 향해 달릴 수 있고 직원들이 위험하지 않게 잘 인도할 수 있다. 그걸 기억하자. 기러기의 리더가 모든 기러기가 안전한 곳으로 도달할 때까지 쉬지 않고 날갯짓을 하는 것처럼, 나 또한 직원들이 흔들리지 않고 나아갈 수 있도록 끊임없이 날갯짓을 하는 안내자가 될 것이다.

세상에
당연한 건 없다

말하지 않아도 알아요~

눈빛만 보아도 알아요. 그냥 바라보면.

마음속에 있는 걸.

한때 전국민적인 사랑을 받았던 초코과자의 CM 송. 말로 표현
하지 않아도 마음이 통하는 사이라면 눈빛만 보아도 모든 걸 알
아차릴 수 있다는 가사가 특징적이다. 그런데 정말 쳐다만 보아
도 마음을 알아차릴 수 있는 관계가 존재할까?

치과위생사들은 점심시간을 포함하여 평일 기준 아홉 시간 이
상을 병원 직원들과 보낸다. 가족보다 더 많은 시간을 함께 하는
만큼, 트러블이 일어날 소지도 많다. A직원이 한 말을 B직원이

잘못 전달하거나, A직원이 말하는 의도를 B직원이 다르게 해석하는 경우 자칫하면 오해가 생길 수 있다. 그렇다고 오해했다는 사실을 말하지 않으면 더 큰 분란을 일으킬 수 있다.

내가 6년차가 되었던 어느 해였다. 갓 입사한 후배들에게 청소와 기타 업무들을 알려 주는데 듣는 후배들의 표정이 좋지 않아 보였다. 특히 화장실 청소를 시킬 때는 싫은 기색이 역력했다. 나역시 신입시절, 화장실 청소하는 걸 가장 싫어했기 때문에 후배들의 마음을 모르지 않았다. 그러나 하기 싫은 일도 해야 하는게 사회생활이었고, 나는 어떻게 하면 직원들이 자발적으로 청소를 할 수 있을지 고민했다. 내가 솔선수범해서 먼저 하면 따라하겠지 싶어 후배들보다 먼저 출근해 화장실 청소를 하고 주변 정리도 했다. 또, 지각하는 직원들에게는 주의를 주기보다는 내가 먼저 출근하고 진료준비를 하면 다들 자발적으로 일찍 올 것이라고 생각했다.

한동안 가장 먼저 출근하고 가장 늦게 퇴근했다. 그런데 예상과는 달리 후배들의 태도는 하나도 달라지지 않았다. 오히려 "실장님은 왜 이렇게 일찍 오세요?", "오후에 환자가 아직 안 왔는데 왜 이렇게 일찍 준비하시는 거예요?"라며 타박할 뿐이었다. 그때 알았다. 이들은 정확하게 말을 해 주지 않으면 모른다는 사실을. 그 이후 해야 할 업무들을 왜 해야 하는지부터 어떻게 해야 하는지를 명확하게 이야기해 주었다.

업무도 명확히 말해 주지 않으면 모르는데 하물며 감정표현은 어떠하겠는가? 몇몇 병원에서는 장기 근속자에게 포상으로 해외연수를 보내주거나 유급휴가를 준다. 여행 외에도 헬스나 마사지, 커피쿠폰 등 복지혜택이 다양하다. 그런데 간혹 이런 복지를 당연하게 생각하거나, 악용하는 직원들을 보게 된다.

물론, 복지혜택을 받았다고 족쇄를 찬 것처럼 병원에 충성할 필요는 없다. 그러나 신경써 준 병원과 원장님께 최소한의 마음을 표현해야 하지 않을까? '내 동기는 다른 병원에서 이 정도 복지는 누리고 있던데 그에 비하면 우리 병원은 대단한 복지도 아니야.', '전에 계시던 선배는 간식도 잘 사 주고 선물도 잘 사 줬지만 지금 같이 일하는 선배는 그렇지 않아.', '예전 원장님은 상여금도 잘 주시고 때마다 선물도 주셨는데 지금 원장님은 무언가를 줄 때마다 너무 생색을 내서 받으면서도 별로야.' 혹시 지금 이런 생각들을 하고 있었다면 왜 이런 마음을 갖게 되었는지 한 번 생각해 보자.

세상에 당연한 것은 없다. 그리고 공짜도 없다. 내가 일한 만큼 병원에서 정한 대가를 주는 것이고 그 대가만큼 나도 더 열심히 해야 하는 것이다. 그런데 이 대가는 상대적인 얼굴을 갖고 있어서 끊임없이 타인과 비교하게 된다. 나보다 못한 사람보다는 더 잘난 사람을 보게 되고 결국 '내가 가장 못 받았네.'가 되어 버린다. 비교하는 '나'는 과연 행복할까? 작은 것이라도 무언가를 받았다면 '당연한 것'이 아닌 '나를 위해 이렇게 해 주셔서 감사하다.'라는 마음을 가지는 게 중요하다. 말하지 않으면 상대방은 알 수 없다. 미안한 마음, 고마운 마음을 그때그때 충분히 표현하는 것이 중요하다.

감사는 어렵지 않다. '오늘도 모든 직원이 무사히 출근한 것에 대한 감사', '원장님이 사 주신 맛있는 점심식사에 대한 감사', '여러 병원 중에 우리 병원을 찾아오신 환자분에 대한 감사' 이런 작은 감사부터 시작해 보는 것이다.

다온에듀에는 감사일기라는 문화가 있다. 하루 중 그냥 지나칠 수 있었던 '나'를 돌아보면서 내가 좋아하는 것, 잘하는 것을 찾고 작고 사소한 일이거나 새삼 알게 된 감사함을 매일 찾으면서 하루하루 성장을 기록하는 것이다. 나 또한 강사과정을 밟으며 처음에는 과제를 해야 한다는 의무감으로 시작했으나 끝날 무렵에는 매일 똑같았던 일상생활이 무사히 출근하고, 퇴근했다는 것만으로도 감사하고 일 못했던 직원의 성실하고 잘 웃는 모습들마저 감사할 수 있는 일상이 되었다.

감사 일기를 쓰면 좋겠지만 기록으로 남기는 게 부담된다면 감사함을 서로 말하는 문화를 만드는 것도 추천한다. 원장님이 베푸는 작은 호의나 선후배 간의 작은 행동에도 감사함을 표현해보자. 그러면 받는 사람도, 주는 사람도 기쁘게 주고받을 수 있을 것이다. 건강한 조직문화는 멀리 있지 않다. 이런 작은 말한마디가 웃음을 전달하고, 서로 배려하는 행동으로 이어지게 되는 것이다. 그러면 자연스럽게 초코파이의 정처럼 병원 내에서의 정도 함께 싹틀 것이다.

당연한 게 당연한 것이 아닐 때, 즐거운 병원문화를 만들 수 있다는 것을 잊지 말자.

1. 직원관리
- 각 직원들의 병원에서의 니즈를 파악하기 위해 주기적인 1:1 미팅
- 병원의 철학과 비전을 모든 직원들이 공유할 수 있도록 회의와 미팅 진행
- 각 직원별 포지션 및 명확한 업무 분리를 위해 업무 분장, 매뉴얼 제작
- 연월차 관리

2. 환자관리
- 환자상담업무 및 상담환자, 미동의 환자관리
- 컴플레인 응대
- 신, 구환 콜 관리
- 정기검진 관리
- 이탈고객관리

3. 커뮤니케이션
- 병원과 환자와의 조화를 이루는 커뮤니케이션
- 경영자와 직원들 사이의 조화 – 보고서 사용

4. 병원경영
- 인사평가 및 관리
- 노무관리
- 직원 입,퇴사관련 세무관리
- 시스템 구축
- 수입 및 지출 관리
- 조직문화 가이드
- 경영 회의
- 업체와의 계약관리

환자의
품격

"지금 전화 연결을 준비하고 있는 상담자는 누군가의 가족입니다. 폭언을 하지 말아 주세요."

어느 회사건 AS나 서비스 신청 등을 위해 고객센터로 전화를 걸면 들을 수 있는 안내 음성이다. 모든 대화가 비대면으로 이루어지다 보니 성희롱적인 발언이나 폭언을 일삼는 고객들이 많다고 한다. 감정노동은 콜센터를 포함한 서비스직에 종사하는 대다수의 직원들이 흔히 겪는 일이다. 병원도 마찬가지인데, 특히 전화응대, 접수 그리고 수납을 하는 데스크 직원들에게는 고질적인 문제가 되었다. 나 또한 병원의 모든 것을 총괄하는 실장이기 때문에 클레임 환자들을 관리해야 했고, 그들이 쏟아내는 감정들로 인해 지치는 날들이 많았다.

실장으로 입사한 지 4개월쯤 되었던 봄날이었다. 열한 시가 조금 지나자 건장한 체구의 50대 남성 환자가 치과로 들어섰다. 본인 이름도 밝히지 않은 채 곧장 대기실 소파에 앉는 걸 보고는 예약이 되어 있는 환자라고 생각했다. 전날 예약차트에서 확인한 최○○님인 것 같다고 확신했다. 2년 만의 내원이기도 했고, 당일 열한 시 예약은 최○○님밖에 없었기 때문이었다.

"안녕하세요. 최○○님 맞으신가요?"

오랜만에 병원을 찾더라도 이름을 기억해 주지 못하면 서운해하는 환자들이 계시기에 성함을 묻지 않고 반갑게 인사드렸다.

"네."

돌아오는 대답은 통명스러웠지만 예약한 환자가 맞는 것 같아 다행이라 생각되었다.

"오랜만에 오셨는데 불편한 건 없으셨어요?"

"저번에 치료 안한 거 하려고요."

빠르게 차트를 다시 확인했다. 2년 전 검진 시, 치아 여덟 개에 치경부마모증이 발견되어 치료가 필요하다는 기록이 있었다. 그런데 치료 비용까지 설명이 된 것인지는 적혀 있지 않았다. 확인이 필요할 듯하여 차트를 들고 환자가 앉아 있는 소파로 가서 눈을 맞추기 위해 몸을 기울였다.

"저희가 얼마 전에 데스크 직원들이 퇴사해서 코디네이터 선생님이랑 제가 새로 근무하게 되었어요. 지난번에 오셨던 기록이 있는데 혹시 치료 비용까지 설명 들으셨던 기억이 나세요? 혹시 기억이 안 나시면 제가 다시 설명해드릴게요."

"다시 설명해 봐요."

"네. 치아랑 잇몸이 만나는 치아경계가 자극을 많이 받아서 쐐기모양으로 패이게 된 부분을 메우는 치료가 필요하다고 원장님께서 지난번에 봐 주신 거고요. 오른쪽 위에 세 개, 오른쪽 아래 한 개, 왼쪽 위에 두 개, 왼쪽 아래 두 개 이렇게 총 여덟 개 치아 치료를 하셔야 하고 비용은 치아 하나당 8만 원씩이에요."

"아니, 근데 설명을 해 주는 건 해 주는 거지 왜 이렇게 사람을 무시해요? 예?"

갑자기 머리를 세게 맞은 기분이었다. 유리 출입문을 열고 들어올 때부터 뭔가 불만이 있는 듯한 표정이었지만 처음 뵙는 환자여서 그의 심리 상태에 동요하지 말자고 생각하며 상냥하게 응대했는데 갑자기 무시라니? 당황스러웠다.

환자의 말에 의하면 내가 말하면서 환자를 무시하는 듯이 웃었고 그것 때문에 기분이 나빠서 도저히 치료를 못하겠다는 것이다. 본인이 5년 넘게 이 병원을 믿고 다녔지만 나 때문에 치료를 하지 않을 것이라고 소리쳤다. 이 사실을 꼭 원장님께 전하라고 대기실이 울릴 정도로 크게 말하고 문을 박차고 나가 버렸다. 원장님께 따로 보고할 필요도 없이 대기실에서 멀지 않은 원장실에서 다 듣고 계셨고 환자가 나가자마자 바로 데스크로 나오셔서 무슨 일이냐고 물어보셨다. 자초지정을 말씀드렸지만 내 말은 듣지 않았다.

"직원이 바뀐 거라고 하지."

그렇게 말씀드렸음에도 화를 냈다고 하니 "원장은 그대로라고 하지 그랬어. 원장인 내가 치료할 건데, 좀 잡지."라고 말씀하시는 원장님을 보며 상처받은 나보다는 치료할 환자가 떠난 것에만 관심이 있어 보였다.

본인의 욕구 해결만을 위해 폭언도 스스럼없이 하고 맘에 들지 않으면 뒤도 돌아보지 않고 떠나는 환자 때문에도 힘들지만 직원을 생각하지 않는 원장님의 태도에 무너질 때도 많다. 환자의 불만사항이 있을 때 무조건 직원의 편이 되어 달라는 게 아니다. 애초에 환자가 진료와 응대를 불심하게 될 수도 있는 불안한 환경을 조성하지 말아야 한다는 것이다. 전 원장님은 평소 진료 중에도 "틀렸어.", "아니야." 등의 말을 서슴없이 하며, 마음에 안 드는 부분이 있으면 환자가 있는 자리에서 직원들의 행동이나 응대를 되짚어 주며 화를 냈다. 환자가 입을 벌리고 있는 상황에서도 진료하다 말고 소리를 지르며 마치 환자를 마루타처럼 대하며 "자 여기 잡아. 이렇게 해야지."라며 교육 아닌 교육을 했다. 이런 환경 속에서 어느 환자가 편안히 진료받을 수 있을까? 직원을 무시하고 하대하는 행동을 교육으로 포장한다고 하더라도 그 불안한 마음을 환자들 또한 고스란히 느끼게 될 것이고, 자신도 모르게 직원을 무시하는 감정이 생기게 될 수도 있다. 병원의 분위기가 그렇게 형성되어 있다 보니 본인의 나쁜 감정을 쓰레기통에 버리듯 던져버리는 분들이 생긴 것이다.

만약 원장님이 "○○선생님 스케일링 좀 해 주세요. ○○○님 저희 전문치과 위생사선생님께서 꼼꼼하게 잘 하세요. 스케일링 잘 받고 가세요."라고 말한다면 병원의 분위기가 어떻게 될까? 자연스럽게 서로 존중하고 위하는 분위기가 형성될 것이다. 이런 분위기에서 자신의 감정을 직원에게 마구 쏟아내기는 쉽지 않을 것이다. 물론 간혹 의료보다 서비스에 초점을 맞춰 무리한 요구를 하는 환자들이 있긴 하지만 그건 그 사람의 문제이지, 병원의 불안한 환경으로 초래된 것은 아니다.

모든 환자들의 클레임을 막을 수는 없다. 하지만 줄일 수는 있다. 직원들이 심적으로 편안하게 근무할 수 있는 환경은 감정노동자 보호법만으로는 해결되지 않는다. 편안하고 서로 존중하는 분위기를 만드는 것이 중요하다. 일회성 내원이 아니라 지속적으로 병원에 오는 환자들인 만큼 병원 구성원들끼리 서로 배려하고 존중하는 모습을 보이는 게 훨씬 효과가 좋다. 같이 일하는 직원들끼리도 무시하거나 함부로 말을 하면 환자 또한 그 직원을 무시하게 된다. 직원들뿐만 아니라 원장님도 서로 배려하고 존중하는 문화가 형성되어 있다면 불만이 있더라도 한 번 더 생각하고 말을 하게 된다.

현재 병원에 내원하는 환자분들 중에 감정적으로 힘들게 하는 환자분들이 많은가? 감정노동으로 힘에 부치는가? 그렇다면 내부 직원들의 태도를 먼저 살펴보자. 우리의 이미지는 우리가 만드는 것이라는 것을 잊어서는 안된다.

멍청한 퇴사
vs 똑똑한 퇴사

"저 퇴사하겠습니다."

많은 사람들이 가슴 한편에 사직서를 품고 다닌다. 나 또한 그랬다. 패기 넘쳤던 이십대 초중반에는 순간의 불의를 참지 못하고 퇴직의사를 밝히기도 했다. 결국 마지막 날까지 마음 편히 일하지 못했고, 인수인계를 어떻게 해야 할지도 몰라 막막했다. 돌이켜 생각해 보면 방황했던 시기에 도움을 청할 만한 실장님이 한 분도 안 계셨다. 이제 막 대학을 졸업한 신입직원이 퇴사를 결심했을 때, 퇴사 전후에 마땅히 해야 할 의무나 받아야 할 권리를 알려 주는 중간관리자가 있었다면 과거에 조금 더 나은 선택을 할 수 있지 않았을까?

열 번의 사직서를 썼던 것 자체를 후회하진 않지만 퇴직금을 받지 못했던 건 여전히 아쉽다. 이직 시 작성했던 근로계약서에 기재된 내 연봉은 높았지만, 일 년을 채우지 못한 채로 퇴사하는 바람에 받을 수 없었던 퇴직금을 계산해 보면 같은 연차 내에서도 굉장히 낮은 연봉으로 일해 왔던 것이다.

혹시라도 지금 퇴사를 고민하고 있다면 똑똑하게 생각해 보자. 지금 내가 일한 날짜 대비 내 연봉에 포함된 퇴직금을 생각해보자. 예를 들어 현재 10개월차라면, 두 달만 더 근무할 시 '제2의 월급'이라고 불리는 퇴직금을 받을 수 있다. 그런데도 일 년을 채우지 않고 퇴사할 것인가? 현재 중간관리자의 위치에 있다면 직원이 퇴사하겠다고 이야기할 때, 이 부분을 언급해 보자. 일 년 미만의 중도 퇴사 시 다른 직원들보다 몇십만 원 이상을 덜 받게 되는 셈이라고 말해 준다면 어느 날 갑자기 병원을 나오지 않거나, 한순간의 감정으로 책임감 없이 퇴사하는 직원은 줄일 수 있을 것이다.

퇴사 예정일은 퇴사의사를 밝히는 날로부터 한 달은 잡아야 한다. 병원입장에서도 구인공고를 올려 후임자를 구해야 하고, 전임자와 후임자가 인수인계를 하는 시간도 필요하다. 이 기간은 병원만을 위한 게 아니다. 퇴사자인 나 자신을 위해서도 필요한 시간이다.

한번은 마음정리가 끝난 뒤, 최대한 빨리 퇴사하고 싶다는 의사를 전달했더니 이직 준비를 할 새도 없이 곧장 퇴사하라는 통보를 받은 적이 있었다. 공고를 올리고, 이력서를 받고, 면접을 보고, 채용을 확정하고, 인수인계를 하는 이 모든 기간을 고려했을 때 일주일 정도는 더 출근할 거라 생각했던 내 예상이 보기 좋게 빗나가 버렸다. 자진퇴사였지만 퍽 당황스러웠다. 서로를 위해서 한 달의 기간을 두고 정리할 시간을 갖는다면 병원도 후임자와 원활하게 진료를 할 수 있고 퇴사자 또한 이직 준비를 통해서 서로 윈윈 할 수 있을 것이다.

정리하는 한 달의 기간 동안에는 본인의 담당 업무들이 있다면 문서로 정리를 해 보는 게 좋다. 병원 규모에 상관없이 동료들과 서로의 업무를 공유할 수는 있지만 담당자로서 했던 세세한 부분은 직접 해 보지 않은 사람은 모를 수밖에 없다. 인수인계를 위해서 정리를 하는 것이지만 스스로를 위한 것이기도 하다. 정리하다 보면 프로세스가 자연스럽게 정리가 되고 매뉴얼이 된다. 그리고 그것은 오롯이 내 경험과 노하우로 축적된다.

나는 입사 당시에 특별한 교육도, 인수인계도 없이 혼자 터득하면서 업무를 익히다 보니 자연스럽게 업무를 잘하게 되었다. 내가 잘하니까 나에게만 업무가 맡겨졌고 덕분에 직원들은 쉬운 일만 하면서 편안하게 지냈다. 그 당시에는 '왜 내가 이 일을 전부 다 해야 하지?'라는 생각에 나만 알고 있는 부분을 공유하고 싶지 않았다. 내가 쉬는 날이면 필시 부담당을 두어 업무에 지장이 없게끔 해야 했지만 그러지 않았다.

점점 지치기 시작한 나는 '과연 이렇게 일하는 게 맞나?'라는 생각을 하게 되었다. 그러던 도중 퇴사를 하게 되었고, 남은 후배가 고생하지 않길 바라는 마음에 그간 해왔던 업무들을 하나의 매뉴얼로 정리해 두었다. 비록 나는 병원을 떠났지만, 남기고

온 매뉴얼이 후배들의 업무에 많은 도움이 되었는지 간혹 후배들 사이에서 내 이야기가 나올 때면 '일 잘했던 직원', '닮고 싶은 실장' 등으로 불린다는 소식에 뿌듯함을 느꼈다.

내가 힘들게 일했다고 남은 직원이나 후임자가 힘들게 일했으면 좋겠다는 마음은 버리자. 본인의 일을 정리해 놓을수록 내가 없는 자리에서도 인정받을 수 있고, 매뉴얼화 하면서 그간의 업무들을 한 번 더 정리해 보는 기회도 되니 일거양득인 셈이다.

퇴사 전에 병원의 연차제도도 활용하자. 퇴사를 하게 되면 사용하지 않은 연차만큼 급여로 받거나 남은 근무 기간 동안 사용할 수 있다. 하지만 병원장의 재량으로 연차수당을 지급하지 않는 곳이 있기 때문에 퇴사 예정일을 확정하면서 연차도 정리해야 한다. 연차수당을 지급하는 병원일지라도 본인의 연차수당이 어느 정도인지 모른다면 퇴사일이 급여일이 아닐 때에는 급여가 시급으로 계산되기 때문에 수당이 포함되었는지 아닌지 정확히 알 수 없다. 급여 문제로 전직장에 다시 연락하고 싶지 않다면 근무기간 중에 논란의 여지를 없애자.

똑똑하게 퇴사하려면 원천징수영수증을 미리 챙길 수 있도록 하자. 13월의 월급이라고 불리는 연말정산을 위해서 중도퇴사자는 근무했던 병원의 세무대리인에게 원천징수영수증을 발급받아서 제출해야 한다. 퇴사하면서 미리 발급받아 놓지 않는다면 퇴사한 병원에 다음해 1월에 연락해서 원천징수영수증 발급을 요청해야하는 번거로운 일이 생길 수 있다.

이렇게 퇴사가 결정되면 챙겨야 할 게 많고 해야 할 일이 많다. 현재 중간관리자로 근무하고 있는 실장, 팀장도 이런 부분까지는 모를 수 있다. 하지만 이제 막 사회에 나온 신입 선생님들은 더 많은 것을 모를 것이다. 평소에 잘 챙겨 주는 것도 좋지만 같이 일했던 직원들의 앞날을 응원하고 도움 되는 이별을 위한다면 직원들이 똑똑하게 퇴사할 수 있도록 도와주자.

떠난 자가 지켜야 할
최소한의 예의

'프로이직러'라고도 불릴 만큼 이직이 잦았던 나지만, 퇴사사유 쓰는 일은 여전히 어렵다. 이직을 한 번이라도 경험해 보았다면 잘 알 테지만, 이 퇴사사유 공백란 채우기는 여러모로 힘든 일이다. 만약 원장님의 폭언을 못견뎌 퇴사를 했다고 하더라도 이력서에 '원장님의 폭언으로 인한 퇴사'라고 쓸 수는 없다. 그렇다고 개인사유 혹은 권고사직 같은 단어를 쓰기에는 왠지 모르게 억울하다. 그러나 공란으로 둘 수는 없기에 울며 겨자 먹기 식으로 '개인사유'라고 기재한다. 과거의 일들을 구구절절 쓸 수도 없거니와 괜히 '불만족스러운 근무환경'과 같은 솔직한 사유를 적었다가는 자칫 부정적인 인상을 남기지는 않을까 하는 노파심도 무시할 수 없기 때문이다.

더 큰 문제는 이다음부터다. 고민 끝에 써낸 서류가 운 좋게 합격하게 되면 면접을 보아야 하는데 일정이 잡히면 또다시 불안해진다. 이번에는 서류상이 아닌 면 대 면으로 조금 더 구체적인 퇴사 과정을 이야기해야 되기 때문이다.

"1년차 때에는 학점은행제와 업무를 병행하다 보니 둘 중 하나도 제대로 해내지 못하는 느낌이 들어 퇴사하였습니다. 2년차 때에는 건강검진병원 내에 위치한 치과에서 근무했었는데 검진 환자들이 줄면서 병원 경영이 악화되어 이직할 수밖에 없었습니다. 그 다음 병원은……."

가장 난처할 때는 원장님 및 실장님의 갑질과, 열악한 근무환경 때문에 퇴사했던 병원에 대한 질문을 받을 때다. 몸과 마음 모두를 힘들게 했던 전 직장을 좋게 말하는 건 결코 쉽지 않은 일이다. 그러나 일이 년씩 일했던 병원을 욕하는 것은 그 병원에서 일한 나도 보잘것없는 사람으로 만드는 일이었기 때문에 그럴듯한 포장을 해서 대답해야 했다.

중간관리자가 되고부터는 채용자로 입장이 바뀌었다. 그 당시 나는 상담실장이었고 총괄실장님이 따로 계셔서 1차 면접은 주로 총괄실장이 맡았다. 한 번도 면접을 진행해 보지 않았던 내게도 기회가 왔다. 급하게 면접 일정을 잡으면서 총괄실장님이 쉬는 날에 면접 일정이 잡힌 것이다. 처음 해 보는 것이라 어떤 질문을 해야 하고 어떤 기준으로 지원자를 판단해야 할지 몰라서 당황하는 내게 총괄실장님이 팁을 알려 주었다.

"민경아, 이 직원이 우리 병원에 맞는 직원인지 판단할 때 가장 좋은 질문은 '이직사유'야. 이직사유를 물어보는 건 두 가지 이유가 있어. 일단 그 전 직장에서의 퇴사 사유에 따라서 우리 병원에서는 얼마나 오래 일할 수 있을까를 확인할 수 있다는 거야. 오버타임 때문에 퇴사했다고 하는 지원자라면, 우리 병원도 오버타임이 많은데 오래 일할 수 있겠어? 그런 걸 확인하고 미리 안내해줘야 지원자도 좋은 선택을 할 수 있는 거야."

면접 때마다 왜 이직 사유에 대해서 질문을 받았는지 그제야 알 것 같았다.

"나머지는 인성 확인이지 뭐. 왜 퇴사했냐고 물어보면 너처럼 좀 더 다른 걸 배우고 싶었다든지, 개인적으로 뭔가 사정이 있었다고 말하는 지원자가 있는 반면에 자기가 일했던 병원 욕을 신나게 하는 사람들도 있거든."

"저는 전 직장 욕하면 거기에서 일한 저도 보잘것없는 사람이 되는 거 같아서 하고 싶지 않았어요."

"맞아, 그거야. 모르는 사람 앞에서 가족, 친척들을 욕하는 사람은 자기 얼굴에 침 뱉는 행동인데 그걸 모르는 사람들이 있어. 그런 행동을 하는 사람은 우리 병원에 입사해서도 좋은 점보다는 안 좋은 점을 먼저 찾을 거고, 퇴사 후에는 우리 병원 욕을 하고 다니겠지. 그런 지원자는 아무리 일을 잘하더라도 병원에는 마이너스 요인이니까 걸러야 해."

그제야 왜 매번 이직 사유를 물어보는지 알게 되었다. 여러 명의 지원자 면접을 보고 직접 같이 근무를 해 보니 면접 당시의 이직사유에 대한 답에서 미래의 근무 태도까지 예상할 수 있게 되었다. 늘 부정적으로 생각하는 사람은 무의식도 부정적으로 움직이기 때문에 잘 될 일도 안 되는 경우가 종종 발생한다. 긍정적인 의식을 가진 지원자는 입사를 해서도 병원과 본인이 더 성장할 수 있도록 생각하고 행동한다는 걸 보면서 질문이 틀리지 않았다는 걸 확인했다.

자기 얼굴에 침 뱉는 지원자가 되지 않으려면, 반대로 그런 지원자를 채용하지 않으려면 이력서와 자기소개서를 꼼꼼히 작성하고 검토해야 한다. 그리고 한 명의 병원 직원으로서 스스로가 걸어온 병원 생활의 역사를 짓밟는 일은 없기를 바란다.

체계적인 병원에서
일하고 싶다면

　누구나 체계적인 곳에서 직장생활을 하고 싶어 한다. 이미 체계가 잡혀 있는 곳에서 일할 수 있다면 좋겠지만, 그럴 수 없다면 내가 일하는 곳을 체계적인 병원으로 만들어 나가야 한다. 이것은 훗날 병원 직원들의 적응과 퇴사에도 큰 영향을 미치게 된다.

　"저는 좀 더 큰 병원, 그러니까 시스템이나 매뉴얼이 있는 병원에서 배우고 싶어요."

　"우리 병원에는 시스템이나 매뉴얼이 없다고 생각하니?"

　"네. 지금은 뭔가 중구난방이고, 그때그때 방식이 다를 때가 많잖아요."

　입사한 지 보름 된 직원이 퇴사의사를 밝혔다. 시스템이나 매뉴얼에 신경을 많이 썼다고 생각했는데 꽤나 충격이었다. 실장으로 근무하면서 신입직원이나 경력직원, 누구든지 우리 병원에 입사하면 일주일간 '우리 병원 알아 가는 시간'을 가지고 적응할 수 있도록 시스템을 세팅했다. 내가 업무 때문에 바쁜 일이 생겨서 직접 교육을 하지 못할 때에는 진료실 직원과 커리큘럼을 나눠서 진행하기도 했다. 그렇게 정성들여 교육해 주었는데도 시스템도 없고 매뉴얼도 없어서 나가겠다고 하니 당황스러웠다. '왜지? 뭐가 잘못된 거지?' 고민해도 답이 나오지 않았다. 그래서 평소 도움을 많이 받는 타 치과 실장님에게 SOS를 요청했다.

"실장님, 요즘 직원들은 보이는 것에만 관심이 많다는 게 사실인 것 같아요. 별것 아니지만 저희 병원 직원들은 문서 정리를 굉장히 잘해요. 사소한 거라도 눈에 잘 보이게 만들어 놓으니 새로 입사하는 직원들이 배울 게 많은 치과라고 생각한다는 말을 들었어요. 더 큰 병원이란 많은 것을 갖추어 놓은 곳이 아닌, 있는 것을 잘 정리해 놓은 병원이라고 생각하거든요."

진료만으로도 바쁘고 정신이 없는데 매뉴얼을 만들라니! 한 번도 만들어 보지 못해서 어떻게 만들어야 하는지, 얼마나 시간이 걸리는지 가늠이 되지 않았다. 혼란스러워 하는 내게 실장님은 일단 큰 틀부터 만들어 보라고 했다.

"매뉴얼을 만들어 놓으면 일대일로 교육해 줄 때보다 시간이 절약될 거예요. 한 번에 완성해야겠다고 생각하는 것보다 대략적으로라도 큰 틀을 만들어 놓고, 이후에 사진이나 조금 더 상세한 내용을 덧붙이는 식으로 업데이트해 보세요. 매뉴얼은 한 번 만들어 놓으면 끝이 아니라 계속 수정해 나가야 하는 거예요."

그렇다. 잘 알려 줘야겠다는 생각에 요즘 후배들의 니즈를 정확히 파악하지 못하고 그저 열심히만 했던 것이다. 그동안 근무했던 병원에 매뉴얼이 없어서 매뉴얼에 대한 생각은 전혀 하지 못했다. 보통 첫 입사하면 수습기간이 있는데, 이 기간 동안 서로 적응도 하고 일을 배운다. 그런데 이 기간 동안 제대로 배울 수 있게 매뉴얼을 구축해 놓거나 커리큘럼을 구성하고 교육하는 병원은 드물다.

내가 근무했던 모든 병원들에서는 알아서 재료 위치 파악하고, 궁금한 건 물어보라는 식이었다. 당장 눈앞에 있는 이 재료가 무엇인지도 모르는데 보고 익히라니 당황스러울 수밖에. 물어보고 싶어도 다들 바빠 보여 눈치가 보이고 어쩌다 물어본다고 해도 빠르게 대답하고 자리를 떠 버려 자세히 물어볼 수도 없었다. 그때의 경험이 내게는 큰 상처가 되어서 나는 절대 직원들에게 그러지 말아야겠다고 다짐했었다. 그래서 교육을 기획하고 일주일 동안 업무도 빼 주면서 알려 주었던 것인데 그게 오히려 '중구난방 시스템'으로 보일 줄이야.

일단, 조언대로 현재 우리가 하고 있는 일들을 쭉 한 번 정리해 보기로 했다. 나 혼자 하는 것보다 함께하는 것이 효과적이기에 직원들과 먼저 어떤 매뉴얼이 필요한지 작성해 보았다. 처음부터 세세한 과정과 사진까지 넣으려고 했다면 너무 힘들어서 중간에 포기했을지도 모른다. 큰 틀을 먼저 잡아서 뼈대부터 완성하고 그다음에 사진이나 작은 팁들을 추가하니 쉽게 매뉴얼

하나가 완성되었다. 저연차 직원들은 다 만들어진 매뉴얼을 볼 수 있어서 좋아했고, 고연차 직원들 또한 직접 매뉴얼을 제작한 것에 대해 보람을 느꼈다. 물론 새로 입사하는 직원들도 시각적인 자료와 함께 교육을 해 주니 훨씬 적응이 빨랐다.

인간의 뇌는 80% 이상 시각정보에 의지한다. 물론 말로만 전달하는 교육이 교육을 아예 하지 않는 것보다는 좋다. 하지만 이왕 교육하는 것이니 청각정보와 함께 시각정보가 제공된다면 훨씬 더 효과적이다.

체계를 잡고 매뉴얼을 제작하는 것은 없던 것을 새롭게 만드는 것이 아니라 있는 것을 정리하는 것이기 때문에 큰 부담을 느끼지 말자. 병원에 출근해서 퇴근할 때까지의 모든 일과를 문서로 정리해 놓기만 해도 매뉴얼이 된다. 물론 생명과 건강을 다루는 병원이기에 유연한 태도가 필요하다. 매뉴얼은 개인의 태도와 생각을 막는 것이 아닌, 반드시 해야 하는 기본 룰과 규칙을 정리해 놓은 것이다. 여기에 상황에 따라 응대가 달라지는 것이고, 이건 각 개인의 성향과 직원문화에 따라 달라진다. 아무리 이렇게 말해야 한다고 정해 놓아도 내성적인 직원은 말하지 못할 수도 있다. 반드시 해야 하는 주의사항과 안내만 룰로 정해 두고 그 외에는 유연하게 대처할 수 있도록 교육과 코칭으로 진행해야 한다.

병원의 기본적인 룰은 병원마다 다르니 함께 의논해서 만들어 보자. 룰과 기준이 없었다면 이번 기회에 함께 만들어 보는 것도 좋다. 데스크에서의 접수방법, 예약방법, 수납 후 기록방법, 걸려오는 콜 응대법, 병원에서 해야 하는 콜 방법 등 지금 앉아 있는 데스크 자리에서만 한 시간 동안 내가 어떠한 업무를 했는지부터 적어 보자. 그게 매뉴얼의 시작이다. 매뉴얼, 어렵지 않다.

좋은 직원을
채용하는 비결

"원장님, 도대체 어떤 직원과 일하고 싶으세요?"

오늘도 목구멍까지 이 말이 올라왔다. 채용 공고가 올라간 지도 3개월이 더 지난 무렵이었다. 전임자가 퇴사하고 계절이 한 번 바뀌었지만 퇴사자의 공백은 여전했다. 지원자가 없는 건 아니었다. 일주일에 평균 두 명 이상의 지원자들이 면접을 보러 왔으며, 이번 주 역시 마찬가지였다. 이쯤 되니 원장님도 답답하셨는지 지원자들의 이력서를 가지고 데스크로 나오셨다.

"요즘 1년차들은 왜 이렇게 연봉을 높게 부르는 거야? 할 줄 아는 것도 없으면서."

아, 결국 연봉이었구나. 내가 1차면접을 보면서 괜찮았던 지원자들을 불합격시킨 이유는 지원자들의 희망연봉이 너무 높다는 거였다. 병원에서 지급할 수 있는 기준 안에서 직원을 채용해야 하는 게 맞지만, 최저시급을 고려한다면 터무니없는 금액도 아니었다.

"빠릿해 보이는 1~2년차들이 이렇게 없나? 지금은 할 줄 아는 게 없어도 6개월 정도 나한테 혼나면서 훈련하면 그때는 좀 쓸모가 있을 텐데."

원장님을 다시 생각하게 되는 순간이었다. 직원과 함께 진료를 하고 이 병원을 이끌어 나간다고 생각하는 게 아니라, 직원을 단순히 일하는 기계 정도로만 생각하고 있었다는 게 아닌가. 그러니 내가 인성이나 능력이 있다고 판단한 지원자들을 출근시키지 않으셨던 거였다. 지원자들도 이런 원장님의 태도를 보면서 출근하기로 하고도 더 좋은 병원이 눈에 띄면 출근을 번복할 수밖에 없었을 거라 생각했다.

2년 전, 잠시 함께 일했던 원장님이 떠올랐다. B원장님은 이력서가 들어오는 대로 직접 면접을 보셨다. 면접 보는 횟수에 비해 채용률은 낮았지만 그렇게 뽑힌 직원들마저도 얼마 못 가 퇴사해 버렸다. 알고 보니 나이, 연차 등은 일절 고려하지 않은 채 희망연봉이 가장 적은 직원을 채용하셨던 거다. 당연하게도 적은 연봉계약서에 싸인한 직원은 일에 대한 사명감도, 의지도 없었다. 적게 받는 만큼 편하게 일하고 싶었기 때문일 테다. 그런데 업무와 책임감은 점점 많아지니, 해당 직원은 앞으로 마주하게 될 난관을 예상하고는 바로 퇴사해 버린 것이다.

최근까지는 나 또한 이직 시 연봉이나 복지를 가장 중요하게 생각했었다. 병원을 어떻게 선택해야 할지 몰랐고, 채용담당자가 되어서도 인재를 알아보는 방법을 몰랐기 때문에 일반적인 질문으로만 면접을 진행했었다. 약 10여 분의 시간으로 우리 병원에 맞는 사람인지 아닌지 정확히 구분해 내지 못했다. 그저 그날의 느낌으로만 내 앞에 마주한 지원자를 판단할 뿐이었다.

그렇다면 면접 시에는 어떤 질문들을 하는 게 좋을까? 우선 우리 병원만의 면접 질문리스트를 만들어 보자. 병원마다 원하는 인재가 다를 것이며, 업무나 직책에 따라서도 필요로 하는 역량이 다를 것이다. 때문에 현재 재직하고 있는 병원에서 희망하는 사항들을 잘 캐치해 낼 수 있는 질문들을 정리해 보면 많은 도움이 될 것이다. 물론 질문만으로 지원자를 모두 파악할 수는 없다. 하지만 각 업무와 위치에 맞는 질문들을 만들어서 최대한 해당 업무에 필요한 핵심 역량과 능력, 태도, 일을 바라보는 마음가짐 등을 알 수 있다면 조금이라도 퇴사자를 줄일 수 있지 않을까? 질문리스트 만드는 건 어렵지 않다. 구인하고자 하는 직원의 포지션을 생각하고 그 포지션에서 어떤 업무를 어디까지 할 수 있어야 하는지, 업무별 기준은 어디서부터 어디까지인지 적다 보면 쉽게 완성된다. 데스크와 진료실, 경력자와 신입직원별로 나누어서 질문을 만들어 보자. 잘 만든 질문은 우리 병원의 업무와 포지션별 기준으로도 활용할 수 있다.

지원자의 입장에서는 구직을 하기 전 스스로를 먼저 돌아보는 시간이 필요하다. 물론 돈을 벌기 위해 일하는 것이지만, 돈을 어떻게 벌고 싶은지 생각해 보자. 다니던 직장을 퇴사하고 이직을 결심하는 대부분의 이유는 내가 상상했던 것과 다르기 때문이다. 내가 일하고 있는 모습을 상상해 보라. 어떤 환경에서 어떻게 일하고 있는가? 그게 바로 나의 목표이고 비전인 것이다. 면접에서 월차, 휴가, 복지 사항만 확인하는 것이 아니라 나의 비전을 위해 무엇을 확인해 봐야 하는지 지금 이 순간 정리가 필요하다.

서로에게 다시 묻는다.

"어떻게 일하고 싶으세요?"

🗨 쉽게 만들 수 있는 초보실장의 매뉴얼 리스트

1. 병원의 비품 리스트
   - 재료관리 시스템 구축의 기본이 될 수 있어요.

2. 기계실 온/오프 매뉴얼
   - 갓 입사한 직원도 사진만 보고도 따라서 켜고 끌 수 있도록 병원내 기계실 사진에 표시하여 만들어 보세요.

3. 해피콜, 땡큐콜, 콜 매뉴얼
   - 구환, 신환의 콜 응대 시 반드시 전달해야 하는 정보를 먼저 정리해 보세요.

4. 진료매뉴얼
   - 현재 하고 있는 진료부터 정리해 보세요. 글로 정리 후 사진을 추가하면 쉽습니다.

5. 우리 병원 소독&멸균 매뉴얼
   - 현재 하고 있는 소독, 멸균 매뉴얼부터 정리해 보세요. 감염환자의 기구를 소독하는 방법이나 수술기구 세트를 포장하는 방법 등에 대해 정리하고 사진을 추가하면 됩니다.

6. 무전기 매뉴얼
   - '이것만은 지켜 줘' 무전기 사용 시 예의와 무전기 기계작동법 등을 정리해 보세요.

7. 병원 장비 및 전자기기 관리 매뉴얼
- 장비 담당자에게 사용법과 관리법을 정리해 보라고 하면 쉽게 만들 수 있어요.

8. 원활한 진료를 위한 예약 매뉴얼
- 예약기본 룰과 타임테이블을 정리해 보세요.

9. 환자 응대 매뉴얼
- 진료별 환자응대 멘트를 정리해 보세요. 예를 들어 "좀 따끔합니다." "차갑습니다." 등의 멘트와 환자가 아파할 때 손을 잡아 주거나 인형을 쥐어 주는 등의 행동들을 정리해 보는 거예요.

10. 상담 매뉴얼
- 우선 상담의 순서를 나열하고, 상담 시 필요한 설명자료나 프로모션 자료를 제작합니다.

11. 데스크업무 매뉴얼
- 현재 하고 있는 데스크업무를 우선 순서대로 나열해 보세요. 그런 다음 하나씩 살을 채워 나가세요.

12. 그 외 경영 매뉴얼, 회의 매뉴얼 등 각 병원에 필요한 항목 찾기
- 자신이 잘 아는 업무의 과정 중 일부를 먼저 매뉴얼로 만들어 보며 감을 익힌다거나, 부족한 부분을 채워가며 성장할 수 있을 것입니다.

3장

병원 조직문화,
리더가 만든다

사명감,
어떻게 만들어야 할까?

"항상 사명감을 가지고 자신 있게 일하렴."

교수님께서 항상 하시던 말씀이다. 임상으로 나가는 졸업생들을 위해 선서식과 같은 행사를 할 때에도 늘 사명감을 갖고 임하라는 당부를 하셨다. 하지만 대부분의 경우, 취업을 목표로 치위생과를 지원했기 때문에 병원 종사자로서의 소명보다는 연봉이나 복지에 관심이 많다. 학교를 다니면서 거우 체득한 사명감은 취업 후 병원생활에 익숙해지면서 저 멀리 사라져 버리고 기계처럼 일하는 모습만 남게 된다. 안타깝지만 이것이 현실이다.

데스크에서 환자접수를 하던 어느 날, 한 분이 씩씩거리며 들어왔다. 누가 봐도 화가 잔뜩 난 얼굴이었다. 병원에 오기 전 무슨 일이 있었던 것일까? 환자가 내뿜는 열기에 직원들도 잔뜩 긴장한 얼굴로 쳐다보았다.

"아니! 무슨 치과가 사람이 가도 인기척도 없고 사람 대우도 안 해 주는지 원!"

아직 어떠한 말도 하지 않았는데 나를 보자마자 화가 난 목소리로 말을 하셨다. 이야기를 들어 달라는 것 같아서 조심스럽게 여쭈었다.

"무슨 일 있으셨어요? 저희 이야기하시는 건 아니시죠?"

"이 앞에 있는 치과 말이야. 오늘 열 시까지 오라고 해서 갔더니만 왔다갔다하면서 빤히 쳐다보기만 하잖아. 인사도 안하고 말이야. 한 시간이 다 되어 가도록 앉혀만 놓길래 기다리다 기다리다 승질이 나서 여기로 온 거야."

알고 보니 건너편 치과의 환자였다. 한 달에 두세 번꼴로 비슷한 이유로 화를 내면서 오는 환자들이 있었는데 이 환자도 같은 이유였다. 처음에는 '예약을 안 하고 방문해서 그랬겠지', '그 치과도 무슨 사정이 있었겠지.'라고 생각하면서 크게 신경 쓰지 않았는데 이쯤 되니 그 치과에 한번 방문해 보고 싶어졌다.

많은 병의원의 진료과목 중에서도 치과는 생명을 직접적으로 다루지 않는 곳이다 보니 가끔 환자가 '아픈 사람'이라는 것을 잊는 것 같다. 물론 예약시간에 맞춰 오지 않는 환자가 좋아 보이지 않을 수도 있지만 그렇다고 병원에 내원한 환자를 맞이하지도 않는다니! 정말 이해할 수 없었다. '환자'이기 전에 '사람'이다. 무슨 일이 생겨서 늦었을 수도 있고 예약 없이 방문할 수도 있다. 그런데 환자의 얘기도 들어보지 않은 채 인사조차 하지 않는다면 사명감을 떠나서 병원 종사자로서의 인성조차 제대로 갖추고 있지 않은 것이라고 볼 수 있다.

'사명감'의 사전적 의미는 주어진 임무를 잘 수행하려는 마음가짐이다. 응급실에서 근무하는 의사와 간호사, 물불 가리지 않고 뛰어드는 소방관에게만 있는 대단한 것이 아니다. 병원에 갓 입사한 수습직원에게도 마땅히 해야 하는 업무가 있고, 데스크의 코디네이터는 환자를 맞고 배웅해야 하는 사명감이 있다. 병원의 중간관리자는 직원 모두가 각자의 자리에서 맡은 업무에 대해 사명감을 가질 수 있도록 해야 한다.

병원에서 사명감을 가지고 일한다는 것은 무엇일까? 꼭 의료인이 아니더라도 환자를 대하는 태도나 말 등에 사명감을 담을 수 있다. 병원에서 일한다는 건 환자, 즉 사람을 위하는 일이다. 그 외의 업무는 환자에게 좋은 의료를 전달하기 위한 부수적인 일이다. 그러므로 무엇보다 환자를 대하는 데 소홀해선 안 되며, 환자가 병원에 방문해서 편안하게 진료를 받고 돌아갈 수 있도록 각자의 위치에서 최선을 다해야 한다. 그것이 병원에서 일하는 우리들의 사명감이다.

몇년 전, 여러 병의원 직원들의 잘못된 행동으로 인해 전국이 발칵 뒤집어졌던 사건이 있었다. 멸균된 상태를 유지해야 하는 수술실에서 케이크에 초를 켜서 생일파티를 하고, 기구를 소독하는 멸균기에 고구마를 구워 먹었다. 이뿐 아니라 감염관리를 해야 할 수술대에 누워서 잠을 자고, 전신마취를 한 채로 수술을 대기하는 환자에게 성적 발언을 하는 등 상식적으로 이해할 수 없는 일들이 벌어졌다. 그 때문에 수술실에 CCTV를 설치하는 법안도 발의되었다.

왜 이런 일이 생기는 걸까? 단순히 저연차 직원들의 생각 없는 행동인 것일까? 그렇지 않다. 신입직원뿐 아니라 경력직, 병원 내 중간관리자와 리더들 모두 사명감 없이 일을 했기 때문이다. 병원의 분위기는 리더가 만든다. 리더부터 환자를 위하는 마음이 없기 때문에 직원들도 그대로 행동한 것이다. 병원의 철학에 따른 사명감으로 환자를 대할 때 우리도 즐겁게 일할 수 있고, 환자 또한 충성고객으로 자리 잡을 것이다.

"우리 직원들은 사명감이 없어요.", "환자를 위하는 마음이 없어요."라고 말하기 전에 나는 과연 환자를 어떤 마음으로 바라보았는지 되돌아 보자. 내가 먼저 소명의식을 가지고 환자를 대한다면 직원들 또한 따라올 것이다. 직원의 사명감은 리더의 사명감에 달려 있다는 것을 잊지 말자.

라떼는
꼰대가 아니다

"요즘도 사진이나 치아모델 정리까지 제가 하느라 진료에 집중할 수가 없어요. 너무 잡다한 일이 많아요. 이럴 바엔 그냥 퇴사하고 더 큰 병원으로 이직하거나, 아예 다른 일을 해 볼까 생각 중이에요."

전 직장 후배에게 온 안부겸 하소연이었다. 원장님과 직원들 모두 진료에 의욕이 없다 보니 본인도 그저 하루하루 버티는 심정으로 일하고 있다며. 듣다 보니 과거에 나 역시 모두 겪었던 일이었기도 해서 후배에게 나의 신입 시절 이야기를 해 줄까 싶었다. 그러나 그 시절을 모두 버텨 낸 나는 후배와는 또 다른 시선으로 해당 연차를 바라볼 게 뻔했다. 후배에게는 괜히 꼰대 소리를 들을까 봐 말을 꺼내지 못했는데 나 때는 정말 이랬다.

진료는 오전 열 시부터 시작되었지만, 나의 출근은 그보다 한 시간 빠른 오전 아홉 시부터였다. 기계실이 치과 건물 밖에 있었기 때문에 무더운 여름에도, 한파가 몰아닥치는 겨울에도 건물 밖에서 컴프레서와 석션 기계를 켜야 하루가 시작되었다. 두 개의 층으로 나눠서 진료했던 탓에 나와 동기는 원장실과 선배들이 사용하는 스탭실을 피해 다른 층에서 유니폼을 갈아입었다. 그렇게라도 하지 않으면 마음놓고 허리 한 번 펼 수 없었다.

소독실에 가면 전쟁 같았던 전날의 흔적들로 가득했다. 잇따른 야간진료에 미처 정리하지 못한 기구들이 너부러져 있어서 출근과 동시에 기구 정리부터 해야 했다. 진료가 시작되면 나와 동기가 가장 먼저 진료를 시작했다. 당시의 나는 1년차였다. 연차가 가장 낮은 직원부터 높은 직원순으로 진료를 보다 보니 잠시도 쉴 틈이 없었다. 환자가 예약시간보다 늦을 때면 그 틈에 소공포를 세탁하여 건조대에 널고, 기구를 세척하고 소독해야 했다. 동기와 소독실에서 잠깐 이야기를 나누려 하면 팀장님은 어떻게 알았는지 둘이 붙어 있지 말라고 한소리를 하고 나가셨다. 팀장님은 또 실장님의 연애사와 일상다반사를 들어 주러 데스크로 나가 보셔야 했기 때문에 잔소리는 그리 길지 않았다.

공식적인 진료마감은 오후 일곱 시였지만, 시간 맞춰 끝나는 날은 손가락에 꼽힐 정도였다. 빨라야 일곱 시 십 분이었고, 늦으면 한 시간이 지나서야 끝나는 날도 다반사였다. 당시에는 오버타임 수당이란 것도 없었다. 원장님은 간혹 매출이 좋은 달이면 카드를 주셨는데 퇴근이 늦는 날이면 맛있는 저녁도, 회식도 싫었다. 그저 빨리 집에 가고 싶은 마음뿐이었다.

체력이 조금이라도 남아 있으면 진료가 늦게 끝나는 날에도 임시치아 조각 연습을 했다. 진료스킬이 떨어진다는 이유로 화장실 청소, 걸레질, 빨래 등 허드렛일과 어시스트 같은 단순 진료만 하는 게 싫었다. 빨리 성장해서 보란 듯이 일을 잘 하고 싶었다. 3년제 학위를 보상하기 위해 일요일마다 학점은행제로 학교를 다니며 공부도 했다. 정말이지 치열하게 살았다. 그렇게 앞만 보고 달려가다가 어느 순간 번아웃(Burn-out)이 왔고, 모든 것이 무너졌다.

이제 와서 돌아보니 '구민경 참 애썼구나.'싶다. 그래, 그렇게 열심히 했기에 지금의 내가 있는 거겠지. 하지만 지금 2000년생, 90년생 후배들을 보면 안타까울 때가 많다. 출근과 동시에 퇴근을 생각하는 후배. 아침진료를 준비하면서 점심메뉴를 고민하는 후배. 몸은 병원에 있지만 마음은 이미 퇴근 후 약속 장소에 가 있는 후배까지. 당연히 병원에 있는 시간보다는 지인이나 친구들과 함께 하는 시간이 행복하다는 것을 모르지 않는다. 그러나 머릿속이 다른 생각들로 가득하면 진료에 집중할 수 없다. 집중하지 못하면 의도치 못한 실수가 생기기 마련이고, 선배나 원장님께 지적받게 된다. 결국 쌓일 대로 쌓인 스트레스는 퇴사로 이어진다.

물론 병원 말고 다른 직업을 생각해 볼 수도 있다. 하지만 이왕 치과위생사라는 직업을 선택했다면 현재를 위해, 더 나은 미래를 위해 이 시간을 제대로 써 볼 수는 없을까? 많은 후배들이 처음에는 배울 수 있는 병원, 커리어에 도움이 될 만한 곳을 찾아 헤맨다. 하지만 그런 병원에 입사하게 되면 오히려 더욱 힘들어하고 적응하지 못해 그만두는 경우가 잦다. 혹은, 배울 수 있는 곳이라고 생각하고 입사했는데 막상 다녀 보니 예상했던 것과는 너무 달라서 퇴사하는 케이스도 있다.

물론 시대가 변한 만큼 후배들 또한 힘든 상황을 무조건 참고 버티면서 일하지는 않을 것이다. 그러나 마음 한편에는 이루고 싶은 꿈이 있고, 그 꿈에 도달하기 위해 노력하고 싶은 마음도 있을 것이다. 후배들이 찾지 못하는 건 모두가 선망하는 좋은 병원이 아닌, 꿈에 한 걸음 더 가까워지는 방법이다. 이때 중간관리자나 고연차 선배들의 역할이 중요하다. 형식적으로 "요즘 뭐가 힘들어?"라고 묻는 것이 아닌, 특정 직원이 어떠한 업무적 역량이 있는지 그리고 어떠한 미래를 그리는지 진심으로 애정을 가져 보는 것이다. 후배들도 그러한 선배들의 마음을 알아차리고는 반응을 보일 것이다.

대단하게 멋진 성장이 아니라도 좋다. 환자 구강 특성에 맞는 칫솔질법을 교육해서 구강 건강 지켜 주기, 스케일링으로 환자 소개받기, 교정환자에게 지정 선택받아보기, 기공소와 오류 없이 내용 전달해 보기. 작은 것부터 하나씩 이루다 보면 어느새 멋있게 성장해 있는 후배를 보게 될 것이다. 후배의 성장을 격려해 주자. 후배가 성장하면 나의 자리를 빼앗기는 게 아니라 현재 내 자리보다 더 높은 자리로 올라가는 계기가 되는 것이다.

"나 때는 말이야"라며 지난날의 힘든 점만 내세우기보다 "앞으로 우리는"을 말하며 후배들이 작은 성장이라도 할 수 있도록 활력 있는 병원의 중심에 있는 리더가 되길 바란다.

💡 누구나 꼰대 탈출할 수 있다! (꼰대의 말 vs 상생의 말)

- 나 때는 이런 것도 없었어. 감사하게 생각해.
  → 와~ 이런 점은 정말 좋은 것 같아.
- 원래 다 그런 거야. 뭘 그런 걸 가지고 힘들다고 하냐?
  → 요즘 고민되거나 어려운 점 있으면 말해 줄래?
    나도 같이 고민하고 도와줄게.
- 나 1년차 때는 교육 같은 것도 없었어.
  → 요즘은 환자들 성향도 많이 달라져서 응대하는 법도 어려울 수 있어.
    내가 도와 줄게.
- 내 말 무슨 말인지 알겠지?
  → 지금까지 이야기한 거 이해되었나요? 이해한 대로 다시 말해 보세요.
- 이거 네가 한 거야?
  → 어떤 의도로 이렇게 한 거야?
- 이걸 왜 못하는 거야?
  → 이걸 잘 하려면 어떻게 해야 할까?

실장님 때문에
퇴사하고 싶어요

2020년 4월, 취업사이트 '잡코리아'에서 "직장인이 가장 퇴사하고 싶은 순간"이라는 주제로 통계를 냈다. 불명예를 차지한 1위는 누구나 예상하듯 '인간관계' 문제였다. 나 역시 사람으로부터 오는 스트레스를 많이 겪었고, 그로 인해 퇴사도 여러 번 했었기 때문에 격하게 공감했다. 아마 수많은 직장인들이 업무보다는 인간관계가 더 힘들다는 말에 고개를 끄덕일 것이다.

인간은 사회적 동물이기 때문에 혼자서는 결코 살아갈 수 없다. 어릴 때는 부모님과, 학창시절에는 친구와, 성인이 되고부터는 애인과 선택에 따라서는 배우자와 그(녀)의 가족들까지. 무수한 관계 속에서 살아가게 된다. 핏줄로 이어진 가족은 하늘이 맺어준 인연이지만 친구들과 애인 그리고 친한 지인들과의 관계는 서로에 대한 관심과 애정으로부터 형성된다. 그런데 사회생활에서의 인간관계는 그렇지 않다. 이삼십 년 이상을 모르고 지낸 사람과 하루아침에 같은 팀원이 되기도 하고, 원수보다 싫지만 상사로 받들어야 하는 상황도 부지기수다.

나라고 달랐을까. 이제 막 사회로 나온 나의 직장생활은 입사 첫날부터 헬이었다. 종이 차트를 쓰는 치과였는데 저연차들에게 별도의 교육도 없이 차트를 토대로 알아서 진료 준비를 하고, 환자 응대도 하라는 게 아닌가? 다른 학과들도 마찬가지겠지만 대학에서는 직장생활에 필요한 것들을 가르쳐 주지 않는다. 차트를 보는 법도, 넥스트 기록이라든지 환자 응대 그리고 주의사항 같은 것들을 기록하는 방법도 전혀 몰랐던 나는 실전에 투입되자마자 실수를 저질렀다.

더군다나 한 번도 상담이라는 것을 해 본 적이 없던 내게 간단한 상담까지 맡겨졌다. 말이 간단한 상담이지 재료의 특성이나 예상 진료시간, 왜 우리 병원에서 해야 하는지, 무엇이 특별한지 전혀 모르는 상태에서 상담하기란 결코 쉽지 않았다. 첫 상담에서는 내가 어떤 말을 했는지도 기억나지 않을 만큼 긴장했었다. 진료 비용조차 제대로 숙지하기 전이라 상담을 하는 내내 실장님께 이것저것 물어보면서 상담했다. 그렇게 몇 달이 지났을까? 선무당이 사람 잡는다고, 닥치는 대로 하다 보니 그럴듯한 직원의 모습을 갖추게 되었다. 제대로 알고 하는 것이 아닌 흉내만 내는 것, 그게 가장 무서운 것인데 당시엔 시키는 대로 할 수밖에 없었고 살기 위한 몸부림이 나를 만들었다.

병원 업무보다 더 큰 일은 따로 있었다. 매일 아침 실장님의 기분을 파악하는 일이었다. 같은 실수를 해도 어떤 날은 "괜찮아. 그럴 수 있지 뭐." 하고 넘어가지만, 어떤 날은 눈물이 쏙 빠지게 혼내기도 했다. 아침에 기분이 안 좋아 보이면 알아서 몸을 사렸다. 매일 살얼음판을 걷는 듯한 병원생활에 점점 지치기 시작했고, 견디지 못해 퇴사했다.

B실장님은 더했다. 무엇이 실장님의 비위를 거스른 건지는 모르겠지만 나는 표적의 대상이 되어서 걸핏하면 욕을 먹었다. 옷 스타일부터 립스틱 색깔, 화장법 등 사소한 것까지 간섭받았다. 환자를 보는데 그게 무슨 상관인지 이해할 수 없었다. 머리카락이 흘러내리지 않게 깔끔하게 올려 묶고, 튀지 않는 립스틱을 바르면 되는 것 아닌가? 내가 잘못 알고 있었던 건지 의심이 들기도 했다.

하지만 그것보다 더 힘들었던 건 다른 직원과의 비교였다. 비교 대상이 되었던 직원은 실장님이 유독 예뻐하는 후임이었다. "○○ 선생님은 잘하는데 민경 선생님은 좀 그래."라며 비교를 하는데 자존감이 바닥을 쳤다. 분명 원장님께는 신임을 얻고 있었고 환자들에게도 칭찬을 듣고 있었는데 실장님에게만 인정받지 못했다. 매순간, 내가 잘못하지도 않은 일로 비교를 당하니 처음에는 '난 아니야'라고 저항했던 마음도 어느 순간 '그래. 내가 그렇지 뭐'라며 자조하게 되었다. 스스로를 탓하는 전에 없던 내 모습에 흠칫 놀랐다. 계속 그곳에 남아 있다가는 '나'는 사라지고 실장이 원하는 '나'만 남을 것 같았다. 더 이상 망가지는 스스로를 두고 볼 수 없었던 나는 병원을 떠났다.

C실장님은 한 달밖에 같이 일하지 않았지만 어제 본 것처럼 선명하다. 개원치과의 실장님이셨는데 직원과 환자관리에는 도무지 관심이 없었다. 임상 지식이 부족하였지만 배우거나, 알려고 하지 않았다. 그저 예쁜 원피스를 입고 우아하게 앉아서는 환자들 응대하는 것이 본인의 일이라고 생각하는 듯했다. 그러면서도 실장의 권위는 지키고 싶었는지 "그냥 대충 하면 되지 이걸 왜 이렇게 못해?"라며 직원들에게 알아서 하라며 윽박질렀다. 업무가 익숙하지 않은 신입직원이 차후 문제가 생길 것을 고려해서 어떠한 일은 못하겠다고 해도 돌아오는 대답은 "그냥 하라면 해!"였다.

직원들이 느끼는 불만은 환자들에게로 고스란히 이어졌다. 예약을 잡을 때, 임상적인 측면을 고려해서 시간을 계산해야 하는데 실장님은 그러지 않았다. 다음 날 연달아 잡힌 예약들을 보면서 시간상 소화가 불가능하다고 말을 해도 변하는 건 없었다. 결국 예약 환자는 대기실에서 30분 이상을 기다려야 했다. 뿐만 아니라 진료 순서상 불가능한 상담들도 무리하게 진행해서 결국에는 남은 일정이 죄다 꼬이는 일도 비일비재했다. 환자는 왜 약속과 다르냐며 불만을 제기했고, 죄송한 마음에 환자의 편의를 맞춰드리려다가 오히려 실수만 하게 되는 날도 있었다.

전 직원들은 이와 같은 실장님의 태도에 진절머리가 났다. 똘똘 뭉쳐서는 '실장님이 퇴사하지 않으면 내가 퇴사하겠다.'라는 생각으로 일주일을 버텼다. 원장님께는 이미 선전포고를 했다. "이렇게 우리를 힘들게 하는 실장님과는 일하지 못하겠어요."라고 말씀드리고 실장님이 맞는지, 직원들이 맞는지 지켜보고 있을 때였다.

일주일째 되던 날, 실장님은 우리가 바라던 대로 퇴사했다. 실장 때문에 직원들뿐만 아니라 환자들까지도 힘들어하는 걸 알게 된 원장님은 권고사직을 권하셨고, 실장님 또한 자존심이 상한다며 그날 바로 짐을 싸서 나갔다.

여러 번의 이직을 하면서 다양한 실장들을 겪었고, 그때마다 결심한 게 있다. 바로 나는 절대 이런 실장은 안 되겠다는 것이었다. 그런데 돌아보니 나 또한 그런 실장이었다. 앞서 얘기한 실장들처럼 눈에 보이게 심각한 건 아니었지만 누군가에게는 자존감을 떨어뜨리는 말을 했을 것이고, 누군가는 상처받는 행동을 했을 것이다. 모든 사람을 만족시킬 순 없다. 하지만 적어도 '실장님 때문에 퇴사하고 싶어요.'라는 말은 듣지 않게끔 해야 하지 않을까? 한 병원의 중간관리자로서 직원들이 일하고 싶은 환경을 만들어 주어야 하는 게 마땅하다고 생각한다.

병원 내에서 좋은 인간관계를 형성하는 것은 그리 어렵지 않다. 행동하기 전에 먼저 생각하는 습관을 가지자. 생각을 먼저 하면 이 행동을 해도 될지, 하지 말아야 할지 판단이 서게 된다. 부디 나의 의미 없는 행동으로 어느 누구도 상처받지 않기를 바란다.

- 구성원들 간의 갈등
- 문제점에 대한 개선 의지가 보이지 않음(불필요하고 무의미한 업무의 지속 등)
- 소속감의 부재
- 인격적으로 존중받지 못할 때
- 조직의 목표 부재 및 비전 상실

중간관리자의
무게

"실장은 중간 위치이지만 조금은 더 원장 편에 서 주어야 하는 거예요."

서울의 A치과 입사면접 당시 대표원장님께서 하신 말이다. 면접을 볼 때는 긴장하기도 했고 별것 아니라고 생각해서 알겠다고 했지만 근무를 하면서 그 말의 무게가 느껴졌다. 원장님은 스마트하신 분이었다. 직원들에게 격려도 해 주시고 발전할 수 있게 힘을 실어 주셨다. 하지만 종종 원장님의 행동에서 '직원은 내가 부리는 사람이니 내 마음대로 시켜도 된다.'라는 마인드가 느껴졌다.

A치과는 내가 입사한 지 얼마 되지 않아 리모델링을 했다. 진료실로 이어지는 복도 중간에 전에 없던 세면대가 설치되었는

데, 이게 화근이 되었다. 병원 내에서 인테리어 공사가 끝난 뒤 뒷정리할 거리가 많았던 부장님이 티슈를 챙겨놓지 못했던 것이다. 부장님은 병원 내에서 비품관리, 정리, 소독, 멸균을 담당하고 계셨다.

"거기에 왜 티슈가 없어요? 공사 끝난 지가 언제인데 아직도 준비를 안 해놨어요!"

준비가 미흡했던 건 사실이지만 티슈 하나 없는 게 그렇게 큰 일인가 싶었다. 나는 곧장 마트로 가서 티슈케이스를 구비해 두었다. 이것으로 사건이 해결되는 듯했다. 그런데 진료가 끝나갈 무렵 원장님은 나를 따로 불러 이런 말씀을 하셨다.

"티슈를 실장이 직접 사올 게 아니라, 내가 말하기 전에 부장한테 준비해 놓게끔 시켰어야지! 중간관리자라면 원장 입장이 되어서 병원을 봐 주세요!"

티슈사건이 일어난 지 며칠 되지 않아 비슷한 사건이 또 일어났다. 치과의 토요일은 항상 바쁘다. 그날도 어김없이 정신 없는 토요일이었고 진료실에 문제가 생겼다. 평소에는 예약스케줄에 맞춰서 진료를 진행하시던 원장님이신데 첫 환자부터 예약스케줄과 다르게 치료를 진행하시는 게 아닌가. 예를 들면, 충치치료가 예약된 환자에게 스케일링을 권유하는 식이었다.

4년차 직원과 데스크 코디네이터 그리고 나만 근무했던 날이라 안 그래도 바쁨이 예상되는 날이었는데 일이 점점 꼬이고 있었다. 환자분도 오신 김에 스케일링까지 받고 가시면 좋지만 체어에서 진료가 덜 끝난 채로 기다리는 환자 세 분이 계셨고 대기실에는 다음 타임 예약 환자분까지 와 계시는 상황이었다. 떨어진 매출을 향상시키기 위해서라는 이유였다지만 스케일링이 매출에 도움이 될 만큼의 진료비가 아닌데 이해하기 힘들었다.

지시만 하고 원장실로 곧장 들어가는 원장님의 뒷모습을 보자 진료실 직원은 퇴사 욕구가 치밀어올랐다고 한다. 몇 시간째 생리현상까지 참아가며 일하는 직원의 마음이 십분 이해되었다. 만약 이 상황에서 내가 원장의 입장이라면 진료실 직원을 어떻게 대해야 했을까? 더 채찍질을 했어야 할까? 상상조차 되지 않았다. 아무리 생각해 봐도 나는 원장님 옆에 서 있고 싶지 않았다.

서울의 또 다른 B치과에는 정반대의 원장님이 계신다.

"혹시 무슨 일이 있거든 직원들 편에 서 주세요. 직원들끼리 원장 욕도 하고 그래야 서로 친해지기도 하고 스트레스도 풀리는 거잖아요."

실장은 중립을 지켜야 한다는 말을 귀에 못이 박히도록 들어왔던 내겐 적잖은 충격이었다. 본인 스스로를 좋은 원장이라고 자부했던 것인지, 직원들이 험담하는 것에 전혀 개의치 않겠다는 것인지는 알 수 없었으나 그런 말 자체를 입 밖으로 꺼내는 원장님이 대단해 보였다. 동시에 직원들의 마음을 잘 헤아리고, 직원들의 불만사항이 있다면 모두 다 이야기해도 된다는 의미 같기도 해서 감사했다. 이 말을 실장인 내게만 했다면 좋았을 텐데, 직원들의 개별 면담 때마다 한 것이다. 결국 원장님의 의도와는 달리 직원들은 '잘됐다. 안 그래도 불만이 많았는데 다 말해야지'라는 생각을 갖게 되었다. 이미 원장님에게 불만이 있었던 직원들에게 불씨를 지핀 것이다. 불만을 말하다 보면 또 다른 불만이 튀어나오고, 문제가 해결되기 보다는 문제가 많아지는 상황에 놓이게 된다. 아니나 다를까 B치과는 원장님과 직원들이 양극으로 갈라졌고, 모두가 유일하게 함께하는 점심시간도 굉장히 불편해져 버렸다.

실장은 외롭다. 중립을 지키면서도 원장과 직원 모두를 잘 챙겨야 한다. 만약 실장이 무게중심을 잃은 채 원장 편에 서게 될 경우, 직원들에게 실장은 공공의 적으로 전락하게 된다. 그전에는 스스럼없이 나누던 사소한 이야깃거리도, 연애사도, 업무에 대한 말들도 더 이상 실장 앞에서 하지 않게 된다. 혹여나 실장이 모든 대화들을 원장에게 보고하지는 않을까 하는 노파심이 앞서기 때문이다. 실장을 믿지 못하는 직원들은 병원 내에서 문제가 발생해도 알리지 않는다. 최악의 경우 불평불만이 쌓인 직원들이 담합하여 병원을 나가기도 한다. 반대로 실장이 직원의 입장만을 대변하게 되면, 원장이 병원 내 모든 직원들을 신뢰하지 못하게 된다. 직원들이 병원에 도움을 주기보단 본인들의 잇속만 챙기는 이기적 집단이라고 생각할 수도 있기 때문이다.

나도 처음부터 실장이었던 건 아니다. 실장이기 전에 병원에서 함께 일하는 직원이고, 같은 사람이다. 원장님과 직원 모두의 입장을 듣는 위치이기 때문에, 중립을 유지하며 조직을 이끌어 나가는 건 여전히 어렵다. 다양한 책들을 보고, 공부를 하고 나서야 조금 알게 되었다. 실장의 또 다른 이름은 항해사라는 사실을. 실장은 선장을 도와 배가 목적지에 무사히 도착하도록 이끌어야 한다. 동시에 배에 탄 승무원들이 각자의 역할을 해낼 수 있도록 관리하는 리더다. 원장과 직원은 동반자이자 파트너다.

지금 중간관리자로서 조직관리가 어려운가? 그렇다면 어떻게 해야 지혜롭게 해결할 수 있을지 고민해 보자. 나는 결혼 전, 두 번의 신혼부부 수업에 참여했었다. 서로의 차이를 이해하고 대화 방법을 배우는 시간이 있었는데, 큰 감동을 받았던 명언이 있다.

"결혼에서의 성공이란 단순히 올바른 상대를 찾음으로써 오는 게 아니라 올바른 상대가 됨으로써 온다."라는 브뤼크너의 말이다. 서로를 이해하고 나부터 올바른 사람이 되자는 의미가 마음에 굉장히 와닿았다.

병원 생활도 다르지 않다. 오너와 직원은 독립적으로 일할 수 없다. 서로에게 꼭 필요한 존재이기 때문에 객관적으로 완벽한 상대를 찾는 것보단 서로에게 완벽한 상대가 되기 위해 노력해야 한다. 그렇기 때문에 실장은 원장님의 성향에 따라 취해야 하는 역할과 행동이 달라져야 함을 인지하고 있어야 한다.

적극적으로 경영에 참여하고 능동적이며, 지배하고 통솔하려는 성향의 원장은 상대적으로 인정과 칭찬에 너그럽지 못하다. 사회적 동물인 인간이 인정받지 못하는 관계를 지속할 순 없기 때문에 중간관리자가 부족한 부분을 채워 주어야 한다. 원장님이 세운 계획을 따라가며 행동하되 잘 따라오는 직원들을 칭찬

하고 격려해 주는 것이다.

　반대로 지나친 평화를 추구하는 원장은 동일한 목표의 추구보다는 직원 개개인의 자율성을 존중하는 경우가 많다. 겉보기엔 좋아 보일 수도 있으나 조직이 하나로 통합되기에는 다소 힘든 부분이 발생하게 된다. 이때 중간관리자가 기본적인 내규들로 통제를 해준다면 충동적인 행동을 방지하고 직원들이 병원생활에 적응할 수 있도록 도울 수 있다.

　어느 한 쪽의 편이 아닌 중간에서 서로에게 올바른 상대가 될 수 있도록 윤활제가 바로 중간관리자가 아닐까? 물론 중심을 잡는 것은 쉽지 않다. 문제가 생기지 않게 우리 병원만의 기준과 룰을 정해 보자. 그리고 문제를 함께 해결하는 회의시스템을 구축해 보자. 그것이 건강한 조직문화를 구축하고, 우리 병원만의 시스템을 구축하는 데 시초가 될 것이다.

요즘 애들과
젊은 꼰대

최근, '꼰대'라는 단어가 심심치 않게 들린다. 꼰대라는 말은 본래 나이가 많은 남자를 칭하던 청소년들의 은어였다. 그러다 의미가 조금 더 확장되어 본인의 옛날 사고방식을 타인에게 강요하는 중장년층을 가리키는 말로 통용되고 있다. 그런데 나이가 많은 사람에 한정되는 줄로만 알았던 꼰대라는 단어가 언젠가부터 젊은 층에게도 번져서는 이른바 '젊은 꼰대'라는 말도 나오게 되었다. 순간, 나도 꼰대인가를 생각해 보았다. 스스로는 꼰대라고 생각해 본 적이 한 번도 없었지만, 내가 직원들과 있었던 일들을 동기들에게 하소연할 때면 나더러 꼰대라고 해서 지난 시간을 돌아보게 되었다.

일요일 저녁, 평소라면 서로에게 연락할 일이 없었던 진료실 직원에게 전화가 왔다. 화요일로 예정되어 있었던 휴무를 당장 다음날인 월요일로 바꾸겠다는 것이었다. 치과는 진료 특성상 직원 한 명의 일정이 변경되면 진료스케줄 또한 동시에 변경되어야 하는 경우도 있다. 원장님의 진료 전후에 준비 및 정리를 해야 하고, 교육이나 스케일링 등 단독 업무가 있기 때문이다. 직원의 근무일정이 갑자기 변경되면 진료에도 차질이 생길 수밖에 없다. 일을 처음 하는 것도 아닌데, 어떻게 개인적인 일정 때문에 다른 직원들은 물론이고 병원 전체에 피해를 줄 수 있는 건지 이해되지 않았다.

동기들에게 이 이야기를 하며 요즘 애들은 왜 이렇게 이기적인지 모르겠다고 말하니 오히려 직원들 눈에는 내가 꼰대처럼 보일 수도 있다는 게 아닌가. 알고 보니 동기들도 종종 생각 없는 후배들 때문에 한 번씩 분노가 치밀어 오르지만 꼰대 소리를 들을까 봐 뭐라고 말도 못하고 혼자 끙끙 앓기만 한다고.

내가 꼰대라니! 백 번 양보해도 이건 꼰대짓이 아니라 직장인이 지켜야 할 최소한의 매너라고 생각한다. 근무 중에 휴대폰 사용 자제하기, 환자가 보는 앞에서 휴대폰 사용하지 않기, 진료 시작 5분 전에는 진료 준비 완료하기, 힘든 진료라고 피하지 말고 도움 요청하기, 진료실에서 음식 먹지 않기 등. 이 정도는 병원에서 일하는 사람으로서 마땅히 지켜야 하지 않을까?

<무례한 사람에게 웃으며 대처하는 법>의 저자 정문정 작가

는 "꼰대는 나이의 문제가 아니라 공감능력의 문제"라고 말했다. 잔소리하는 사람이 꼰대가 아니라 상대방의 상황을 전혀 이해하지 않고 공감하지 못하는 사람이 본인의 사상만을 강요하는 게 꼰대라는 것이다.

병원생활에서도 마찬가지이다. 병원에 정해진 규율이 없어서 각자 하고 싶은 대로 하려고 할 때 '이건 아니다.'라고 생각한 선배가 제지할 수 있다. 이때 선배의 행동을 꼰대로 치부하면 선후배 관계는 점점 와해되고 병원은 엉망이 될 것이다. 그럼 꼰대 없는 병원은 어떻게 만들 수 있을까?

첫째, 모든 구성원들이 함께 규율을 만들어 보자. 리더가 정한 규율을 강요한다면 그건 통보가 된다. 실제 일하는 구성원들의 목소리를 듣고 함께 규율을 정한다면 실행력이 높아질 것이다. 둘째, 말하기보다는 듣기에 집중하자. 후배들을 편안하게 대해 주는 선배라고 할지라도 불편할 수밖에 없다. 선배가 의견을 먼저 제시하면 더 좋은 의견을 내놓기 보다는 선배의 의견에 따라가기 바쁠 것이다. 셋째, 조언보다 공감이 필요할 때가 있다. 병원생활에서 후배들이 어려움을 이야기할 때 "이렇게 해 봐, 저렇게 해 봐."라고 조언을 해 주는 것보다 지금 후배가 어려워하는 그 상황자체를 이해해 주고 공감해 주는 게 훨씬 힘이 될 때가 있다. 넷째, 무조건 후배들에게 말로 지시만 하는 게 아니라 행동으로 보여 주자. 백 번 말로 듣는 것보다 한 번 눈으로 직접 보는 것이 더 좋은 가르침이다. 다섯째, 세상이 빠르게 변하고 있다. '나 때는 말이야'라는 말을 금하자. 예전에는 십 년이면 강산이 변한다고 하지만 요즘은 1~2년, 아니 몇 달 사이에도 빠르게 변하고 있다. 유행에 맞춰 빠르게 변하는 의료계에서 같이 일할 수 있는 문화를 만들어야 한다.

누가 봐도 당연하다고 생각이 되는 이야기들인데 내가 편하면 그만이라는 무한 이기주의로 나에게 잔소리하는 사람을 꼰대로 치부하는 것 같아서 마음이 편치 않다. 후배들은 '요즘 애들'이 되지 않기 위해서, 선배들은 '젊은 꼰대가 되지 않기 위해서 서로 배려하고 노력한다면 직장생활이 힘들다는 생각에서 벗어나게 될 것이다. 행복하고 즐거운 직장은 함께, 그리고 내가 만들어 가는 것이다.

💡 만약, 요즘 애들과 젊은 꼰대가 없는 병원이었다면?

• 구성원들과 근무일정에 대한 규율을 만든다.
ex) 각 병원 특성에 맞게 주5일 근무를 위한 근무표는 매달 정해진 때에 짠다.
연차는 최소 2-3주에는 확인을 받는다.
급하게 근무일정을 변경해야 할 때는 다른 직원과 서로 맞바꾼다.
휴일과 연차 등으로 2일 이상 휴가로 자리를 비울 때에는 본인의 담당업무를 다른 직원에게 인수인계를 하고 인수인계 결과지를 작성한다.

• 추가로 규율이 있음에도 불구하고 급하게 연락 온 직원에게도 어쩔 수 없는 상황이 있었을 것이라고 상황에 공감하고 조율해 주었다면 좀 더 원만하게 해결할 수 있었을 것이다.

이상적인
조직의 형태

　나는 리더의 성향이 아니다. 1남 4녀의 장녀로 자랐기 때문에 누군가를 이끌어야 한다는 생각이 자연스럽게 자리 잡힌 것뿐, 조직이나 단체를 이끌어 나가는 능력은 부족하다. 오히려 5남매의 맏이었던 탓에 필요 이상의 의무감만 늘게 되었다. 어릴 적부터 부모님은 동생들끼리 싸우거나, 그로 인한 문제가 발생할 경우 대다수의 책임을 나에게 묻곤 하셨다. 나의 잘못이 아닌 일들까지 감당하며 자라왔던 탓에 사회생활을 할 때도 조심스러울 수밖에 없었던 것이다.

　특히 초보실장일 때에는 원장님이나 직원들의 의미 없는 말들에 상처받는 일이 잦았다. 방어기제가 발동했는지 나는 같은 상처를 받지 않기 위해 내 행동이나 대화를 더 조심하는 편을 택했다. 나와 반대되는 성향의 직원과 업무적인 면에서 부딪히면 '왜 잘못됐다고 지적한 행동을 개선하지 않고 똑같이 반복하는 거지? 내가 지적한 게 기분이 나쁘다는 걸 다르게 표현하는 것인가?' 하는 생각을 한 적이 있다. 나중에 알고 보면 그 직원은 크게 의미를 두지 않았던 행동이었다. 업무의 순서도 내가 중요하다고 생각한 것과 그 직원이 중요하다고 생각한 것이 다르다는 것을 알기까지 오랜 시간이 걸렸다.

이 세상에 똑같이 생긴 나뭇잎은 없는 것처럼 태어나면서 갖게 되는 성향, 과거의 경험, 가치관 등에 의해 각기 생각이 다를 수밖에 없다. 틀린 것이 아니라 다른 것이다. 나는 다른 성향의 직원들과 함께 일할 때마다 연구하고 공부해서 그들의 스타일에 따라 말투와 행동을 다르게 하려고 노력한다. 신기하게도 같은 말이라도 직원들마다 받아들이는 게 제각각이었다. 그렇게 자연스럽게 직원이 리더를 능동적으로 따르는 능력인 팔로워십이 생길 수 있게 한다. 물론 쉽지 않다. 여러 사람이 함께 일하는 병원에서 나와는 전혀 다른 직원들과 부딪히지 않고 잘 지낼 수 있는 방법에는 여러 가지가 있다.

첫 번째로 가장 먼저 서로 다름을 인정하는 것이다. "나는 이렇게 하는데 왜 다른 방식으로 환자를 응대하고, 준비를 하는 거지? 저건 틀렸어."라고 다름을 인정하지 않으면 본인과 다른 방식은 틀렸다고 인식하게 된다. 중간관리자가 자기중심적으로 생각하고 표현하는 순간, 직원들에게 본인의 생각을 강요하게 된다. 강요받은 직원은 실장의 요구이고 지시이니까 그대로 따르긴 하지만 끝까지 납득하지 않으면 행동하는 마음이 즐겁지 않을 수밖에 없다. 먼저 기준과 룰을 세우고, 동기부여를 통해 직원의 행동을 변화시켜야 한다. 자발적으로 하는 것이 아닌 억지로 수정된 행동을 하는 마음은 그대로 환자에게 전달되어 병원의 의료서비스에 만족하지 못하게 된다. 결국 환자가 떠나고 매출은 떨어지고 직원들의 사기도 떨어지는 악순환이 반복되는 것이다.

두 번째, 연차도 어리고 일도 그다지 잘하지 않는 것 같은 직원이라도 인간적으로 이해하고 존중해야 한다. 이제 갓 입사한 직원이 숙달된 업무를 할 것이라고 기대하는 것 자체가 어불성설이다. 경력직도 워밍업하는 시간이 필요한데 신입직원이라면 더욱 그럴 것이다. 아직 병원에 적응하지 못한 상태에서 일도 미숙한데 인간적으로도 존중받지 못한다는 느낌을 받으면 자존감이 떨어질 수밖에 없다.

세 번째, 최소한의 예의를 지켜야 한다. 세상의 모든 사람과 다 잘 지낼 수는 없듯이 병원 안에서도 모든 직원과 관계가 좋을 수는 없다. 하지만 최소한의 예의는 지켜야 한다. 가장 기본적인 인사부터 해 보자. 만약 기분에 따라 인사가 달라진다면 직원들은 실장의 눈치를 보게 되고 혼란스러울 수 있다. 아침에 출근하고, 퇴근할 때 웃는 얼굴로 인사를 하고, 업무를 할 때에는 비난하지 않도록 하자. 또 진료시간에 복도에서 만나게 되면 눈맞춤을 하면서 따뜻한 시선을 보낸다면 가식적인 열 마디의 말보다 직원들과 라포 형성을 할 수 있다.

　네 번째, 병원 안에서 적당한 거리두기를 실천해 보자. 어쩌면 가족보다 더 많은 시간을 병원에서 함께 보내고 있지만 분명히 가족은 아니다. 나이가 어린 직원에게 무조건 반말을 사용하는 것보다 존댓말을 사용하고, 직원들과 퇴근 후에 사적인 연락을 자제하면서 적당한 거리를 유지할 때 멀고도 가까운, 가깝고도 먼 사이가 되어 끈끈하고 오래 유지할 수 있는 힘을 발휘하게 된다.

　'가족 같은 병원'을 내세우는 병원이 '가족 같이 당연하게 일을 많이 시키는 병원'인 곳을 종종 봤다. 업무를 해야 하는 건 마땅하지만 그 업무를 왜 해야 하는지 동기부여가 되지 않으면 억지로 하게 되고, 불만이 쌓일 수밖에 없다. 설득과 동기부여 없이 자신의 생각을 상대방에게 강요하면서 상대방과 잘 지낸다고 여긴다면 큰 착각이다. 정작 상대방은 곤란한 지경일 수도 있다. 결국 직원들에게 강압적이라는 좋지 않은 인상을 주고 소중한 기회마저 잃게 될 수도 있다.

　"근무시간이나 복지는 다 마음에 드는데 직원들이랑 안 맞는 것 같아서 다녀야 할지 고민이에요."

　서로 다른 성향 때문에 퇴사를 고민하는 직원들이 하는 이 말의 의미를 기억하고 중간관리자인 실장이 병원의 조직문화를 어떻게 만들어야 할지 고민해 보자.

회의를 한 번도
해 보지 않았습니다

나의 첫 회의는 3년차 때였다. 그 치과는 매일 아침 회의를 했는데, 처음으로 팀장을 맡게 되면서 회의 준비도 함께 맡게 되었다. 주로 예약환자들의 특이사항을 파악하고, 진료가 계획대로 진행되고 있는지 등의 업무 전반을 관리했다.

데스크는 환자 및 콜 관리, 진료팀은 진료 준비, 원장님은 진료. 각자 맡은 업무에 집중하다 보면 전체적인 병원의 흐름을 놓칠 수 있다. 중간관리자는 이러한 흐름을 파악하여 문제점 혹은 문제가 될 수도 있을 사항들을 정리하여 회의시간에 공유해야 한다. 이렇게 공유하면 의료사고도 예방할 수 있고, 환자들도 편하게 진료받을 수 있다. 프로세스가 정리되니 진료하는 직원들도 편하게 일할 수 있었다. 그때부터 예약환자들의 차트를 미리 확인하는 습관이 생겼다.

얼마 전 서울의 A치과에서 근무할 때였다. 원장님께서는 보험 청구 항목을 개선하고 싶으니 현재의 자료에 잘못된 점이나 개선해야 할 부분이 있으면 알려 달라고 하셨다. 치과건강보험청구는 원장님의 차팅과 연결이 되기 때문에 말씀드릴 게 있으면 A4 용지에 보고사항을 출력해서 틈틈이 원장님께 보고했다. 그러던 어느 날, 원장님은 이런 말씀을 하셨다.

"구 실장이 이렇게 와서 이야기하는 것도 좋지만 우리가 월요일 아침마다 하는 전체회의에서 다른 직원들도 말을 많이 했으면 좋겠어. 무슨 방법이 없을까?"

월요일에 진행되는 회의는 보고에 가까운 형태였다. 실장인 내가 지난 한 주 동안 신환이 몇 명 왔으며 어떤 C.C로 내원했고 진료시작 여부를 발표하는 게 전부였다. 나는 원장님께 이렇게 말했다.

"일주일에 한 번씩 다 같이 모이는 자리에서 개선사항을 말해 보라고 하면 저라도 쉽게 못할 것 같아요. 다들 근속기간이 짧게는 1년, 길게는 4년 이상 되는데 그동안 주간회의에 대한 준비 없이 일해 왔을 테니까요. 저는 입사하고 한 달 동안 매일 다음 날 차트를 보면서 환자의 특이사항을 확인하고 치료계획을 보면서 환자분들을 파악했습니다. 이걸 아침마다 전체 직원들과 함께 이야기를 나눈다면 각자의 위치에서 예약의 어려운 점이나, 기공물 제작의 방향성, 진료준비에 대한 어려운 점 등을 말하기가 쉽지 않을까요?"

"오, 좋은 생각이네. 그럼 기공 팀에도 내용 전달해서 다음 주부터 그렇게 하도록 하지."

그러나 좋은 의도로 시작된 회의는 얼마 못 가 직원들의 원성을 샀다. 일주일에 한 번 하던 회의를 매일 아침마다 하니 부담스럽다는 게 이유였다. 의욕부터 앞섰던 탓에 직원들에게 동기부여를 충분히 하지 못하고 들이밀었던 것이 화근이었다.

더군다나 문제점이 도출되면 담당자가 개선사항을 고민해 보고 업체를 알아보는 등 업무가 더 과중되는 현상이 나타났다. 물론 더 나은 업무환경을 만들기 위해서 하는 회의였기 때문에 개선은 해야 한다. 하지만 본래의 업무 외의 일들이 갑자기 늘어나니 버겁게 느껴지고 결국 원래대로 돌아가게 된 것이다. 나는 잘하는데 원장과 직원이 잘하지 못해서 회의라도 해야 개선된다고 생각했던 나의 오만함이 불러온 참패였다.

삼성전자의 반도체신화를 만들어낸 일등공신이자 삼성전자 회장 자리에 오른 권오현 회장은 《초격차》에서 이렇게 말한다.

"사전에 어떤 자료를 준비해 와서 참석자가 발표를 하게 되면 '회의'이고, 상황에 필요한 주제를 놓고 자유롭게 토론하는 자리는 '간담회'이다. 회의는 경영이나 조직 운영에 꼭 필요한 절차이기는 하지만 보고를 위한 회의는 하지 않는다. 환경 안전 회의는 의도적으로 직원들에게 긴장감을 주기위해서 상징적으로 계속 주재하는 회의이다." (164p~165p 회의와 간담회의 차이 부분에서 인용)

내가 그토록 회의라고 칭하던 것은 회의가 아니었다. 환자의 차트를 읽고 특이사항을 보고하는 시간이었던 것이다. 차트에 잘 기록해 두면 굳이 말로 하지 않더라도 모든 직원들이 보고 주의할 수 있던 것을 회의라는 명분 아래 시간 낭비만 했던 것이다.

예약표를 브리핑하는 동안 각자 생각나는 문제점들을 이야기해보는 것 또한 회의가 아니었다. 그렇지 않아도 회의가 싫은데 문제점까지 이야기해야 한다니. 처음에는 의견을 제시하는 듯하다가도, 나중에는 회의시간 단축을 위해서라도 함구하는 결과를 초래했다. 그동안 회의라고 칭하면서 회의를 위한 회의를 하고 보고와 변명의 시간만 보냈던 과거들이 부끄러워졌다.

그러면 진짜 회의는 어떤 것일까? 삼성전자에서 환경안전회의를 정기적으로 진행하듯이 병원에서 고객 만족 회의를 진행해보는 건 어떨까? 원장님, 데스크, 진료팀장, 진료실 막내, 소독관리사님, 환경관리 여사님, 기공팀 모두가 각자의 위치에서 고객을 만족시킬 수 있는 방법은 다르다. 한 달 동안 지난번 개선안을 어떻게 실천했는지 발표해 보고, 다음 달에 실행해 볼 방법을 고민해 보는 것이다. 이렇게 하면 그동안 유야무야 시간만 보내며 일하는 습관도 고치고, 업무에 대한 본질도 다시 한 번 상기시킬 수 있을 것이다.

병원의 문제나 안건은 직원들이 스스로 선정하게끔 유도하는 방법도 추천한다. 불편한 것이나 '이건 이렇게 하면 좋겠다.'거나 '이런 문제가 있는데 같이 의논하고 싶다.'거나 무엇이든 안건이 될 수 있다. 직원실의 한 공간에 누구든지 작성하고 그 중 가장 많은 직원들의 지지를 받은 안건을 그 주의 회의 안건으로 정하는 것이다. 모든 직원들이 안건에 대해 발언할 수 있도록 해서 좋은 해결책을 찾는 회의를 매주 한다면 병원의 문제점도 해결되고 직원들의 태도도 달라질 것이다. 그저 문제점이라고 불평불만을 하는 것이 아니라 '어떻게 하면 해결할 수 있지?', '왜 이런 일이 생기게 된 것이지?'를 생각할 수 있게 되고 조직뿐 아니라 개인의 성장까지 이룰 수 있다.

지금까지 제대로 된 회의를 해본 적이 없어도 괜찮다. 앞으로 더 나아질 병원의 회의문화를 지금, 오늘부터 만들어 가 보자.

업무 보고만 잘해도
중간은 간다

제법 규모가 있는 병원의 상담실장으로 첫 출근을 하던 날이었다. 진료실과 데스크를 잇는 복도의 차팅 컴퓨터 앞에서 큰소리가 났다.

"왜 예약을 이렇게 잡은 거야?"

"데스크에서 예약 변경을 이 시간으로 해도 되냐고 물어봐서 내가 된다고 했어."

"예약 잡기 전에 나한테 물어보지도 않고, 예약한 뒤에도 왜 보고를 안 해? 교정원장님 오시기 전에 자료 만들어서 보고해야 하는데 당장 내일이라서 할 수가 없잖아."

교정과 팀장과 팀원의 대화였다. 둘은 동기여서 그런지 직책이 달랐음에도 서로 반말을 하는 것 같았다. 나중에 알고 보니 교정 장치를 떼는 과정 전에 그 동안의 진료를 원장님께서 확인할 수 있도록 자료를 만들고 환자와 마무리 상담을 할 수 있게 준비를 해야 했는데, 팀원이 예약을 마음대로 변경해 버린 것이다. 교정원장님은 일주일에 한 번 출근하기 때문에 진료가 있기 일주일 전에 미리 자료를 확인한다. 그런데 이런 내용들이 팀장에게 전혀 전달이 되지 않았고, 진료를 원활히 볼 수 없게 된 것이다.

'보고'의 본질적인 목적은 문제가 발생되지 않도록 조직 구성원과 리더 간의 원활한 커뮤니케이션이다. 실장이 모든 진료상황을 알지 못하기 때문에 팀원이나 팀장에게 보고를 받아야 하고, 실장의 권한 밖의 일은 원장에게 보고해야 한다. '보고했어?'라는 질타가 쏟아졌던 이유는 팀원이 마음대로 교정예약을 옮겨 진료가 원활하지 못하게 된 '문제'가 발생하게 되었고 그 문제에 대한 책임을 묻는 것이었다. 그동안 작은 병원에서 실장역할을 했기 때문에 보고의 의미보단 점심식사하면서 자연스러운 대화나 원장님에게 허락을 구하는 정도였다. 짧은 대화에서 크게 깨달은 이후에 총괄실장님과 원장님께 제대로 보고를 하기 위해 노력했다.

보고는 어떻게 해야 하는 것일까?

첫째, 가장 중요한 건 자신의 생각을 분리하는 것이다. 나의 첫 보고는 보험청구 결과를 원장님께 보고하는 것이었다.

"지금까지는 매달 평균 1,500만 원 정도 청구 매출이 나왔는데 삭감되는 금액도 상당히 많았습니다. 그런데 이번 달에는 대략 1,600만 원이고 제가 검수를 했기 때문에 삭감은 많지 않을 것 같아요. 지금까지 청구한 코디네이터들도 잘해 왔지만 좀 더 노력해보겠습니다."

열흘 동안 야근을 불사하며 매출 상승을 위한 갖은 노력을 하였다. 그러나 내가 그럴듯하게 한 보고를 들은 원장님 반응은 내가 예상한 것이 아니었다.

"내가 그동안 J직원에게 교육을 수십 번도 더 해 주었는데도 삭감이 그렇게 많이 됐단 말이야?"

코디네이터는 임상지식이 없었기 때문에 보험교육을 해 주는 데 한계가 있었다. 그래서 매달 1,500만 원가량의 청구를 했지만 30만 원씩 삭감되었던 것이다. 그런데 이러한 상황 설명 없이, 정확한 삭감 금액과 해결방안도 없이 그저 '상당히 많았다.'라고만 표현하니 원장님을 오해하게 만든 것이다. 이럴 때는 이렇게 말을 해야 했다.

"지금까지 매달 평균 1,500만 원가량 청구했고 삭감액은 30만 원 안팎입니다. 이번 달은 1,600만 원으로 100만 원 정도 상향되었고 제가 검수를 했기 때문에 삭감액은 줄어들 것으로 보입니다. 청구 후 삭감액과 함께 분석 보고하겠습니다. 코디 선생님은 아직 임상지식이 없어 명확한 이해가 배제된 채 청구를 하다 보니 삭감 금액이 높았던 것으로 보입니다. 임상교육과 함께 청구교육을 함께 진행해서 다음 달부터는 삭감액을 반으로 줄이겠습니다."

먼저 사실을 말하고, 의견을 말한다면 상대도 오해하지 않고 사실 그대로 받아들이게 될 것이다.

둘째, 요점만 간단하게 말해야 한다.

"오전에 임플란트 케이스 상담환자 어떻게 됐어? 어제 다녀가신 가족 환자분들 어떻게 꽸어? 치료하신데?"

"아, 그거요. 임플란트 환자분은 거리가 너무 멀기도 하고 가족 분들이랑 조금만 더 상의 한다고 하시고요, 가족 환자분들은 아버님은……."

"그래서 결론이 뭐야?"

바쁘다는 듯이 내 말을 중간에 자르는 원장님. 상황이 중요하다고 생각했기 때문에 결론을 제일 마지막에 말하는 방식으로 보고했지만 진료 중 틈틈이 보고받기를 원했던 원장님은 결론만 듣고 싶으셨던 것이다. 구구절절한 내용까지 듣고 있을 여유로운 원장은 드물다. 원장의 입장을 고려해서 짧고 핵심만 보고할 수 있어야 한다.

셋째, 기한을 미리 확인해야 한다. 월요일 아침, 원장님께서 지난 주말 세미나에 다녀오면서 신경치료 기구 샘플을 받아 오셨다. 당일 신경치료 진료 시 사용해보셨는지 신경관 접근도 괜찮고 탄성도 좋다며 회사에 한 번 알아보라고 하셨다. 알겠다고 대답은 했지만 바쁜 업무 탓에 곧바로 알아보지 못했다. 샘플이긴 했지만 일주일 정도는 사용할 수 있는 양이라고 생각되어서 나중으로 미뤄 두었는데 이것이 문제였다. 이틀 후 원장님께서 다시 데스크로 나와 어떻게 구매할 수 있는지, 얼마인지를 물어

보셨으나 답할 수 없었다.

"아직도 안 알아봤어? 휴, 알겠어. 오늘 알아봐 줘."

원장님의 한숨 속에는 많은 뜻이 담겨 있었다. 능력 없고 일 못하는 실장이 된 것 같았다. 그 후로는 "언제까지 알아봐 드려야 해요?"라고 꼭 기한을 확인하는 버릇이 생겼다. 기한을 미리 확인하고 그 기한에 맞춰서 일하고 보고를 하니 원장님과 더 원활한 의사소통을 할 수 있었고 서로 오해할 수 있는 원인을 사전에 차단했다.

기업이라면 보고문화는 필수이다. 병원에서도 원활한 의사소통과 경영을 위해서 보고문화는 중요하다. 하지만 병원의 특성상 진료에 집중하다 보면 명확한 보고나 커뮤니케이션에 소홀히 하는 경우가 생긴다. 그러다보면 직원들 간에 오해가 생길 수 있고 진료에도 차질이 생길 수 있다. 환자가 안전하게 진료받기 위해서도 명확한 보고와 의사소통 시스템은 반드시 구축해야 한다.

특히 실장의 역할이 굉장히 중요하다. 지금까지 말주변이 없어서 원장님과 대화가 힘들었거나 원장님과 대화를 하면 소득 없이 끝나고 진전이 없었다면 보고하는 방법이 잘못된 것일 수도 있다. 그동안 내가 어떻게 보고를 했었는지 되돌아 보자.

보고를 할 때, 말로만 하는 것보다 문서로 만들면 글을 작성하면서 생각을 일목요연하게 정리해서 의사소통하는데 도움이 된다. 보고는 단순히 리더에게 '오늘 무슨 일이 있었어요.'를 전달하는 것이 아니다. 문제를 찾고 그 문제의 솔루션을 제안하며 함께 소통해서 더 좋은 방법을 찾기 위함이다.

실장으로서 보고는 필수 역량이니 원장님의 성향을 파악하고 그에 따른 보고방식을 만들어 보자. 정답은 없다. 중요한 것은 정확한 사실과 그에 따른 방안과 방향성을 함께 전달하는 것이다. 사실과 생각을 분리해서 보고하는 것부터 먼저 실천해 보자.

💡 중간관리자의 입장에서 보고를 받는 역할이라면?

- 보고체계 확립: 팀장, 실장, 원장의 직책이 있는 만큼 팀장 → 실장 → 원장의 보고체계를 먼저 명확히 하자. 그래야 각 직급에 맞는 권한 위임도 할 수 있다. 팀장을 거치지 않고 모든 보고를 실장이 받거나 원장이 받고 있다면 진료실에서의 세세한 문제를 해결할 수 있는 팀장의 역할이 줄어들게 된다. 실장만이 해야 하는 일, 원장만이 해야 하는 일을 하고 권한을 위임할 수 있는 부분들은 맡겨 보자.
- 정확한 지시사항 전달: 보고를 받기 전, 중간관리자는 직원들이 지시사항을 정확히 이행하고 보고할 수 있도록 해야 한다. 해당 일에 대한 목적을 분명히 해야 직원들도 방향성을 알고 행할 수 있다. 보고가 부족한 직원을 탓하기 전에 지시사항을 정확히 전달했는지 먼저 파악해 보자.
- 보고한 직원 칭찬: 병원 특성상 매일 하는 일을 보고하거나 프로젝트를 진행하면서 보고를 진행하진 않는다. 그렇기 때문에 진료나 병원 운영에 있어 문제가 있을 때 보고한 직원을 나무라지 않고 보고했다는 자체를 감사히 생각하며 칭찬해 주어야 한다. 숨기거나 모른 척 하지 않았다는 자체만으로도 충분히 칭찬할 만한 것이다. 또한 지시사항을 이행 후 보고를 받게 되는데 직원이 잘못한 점, 문제점 등만을 찾아 피드백 해 주는 게 우선이 아니라 지시사항을 이행하고, 보고를 위해 애쓴 직원을 먼저 칭찬해 주자. 무언가를 행한 직원을 인정해 주는 것만으로도 직원은 그 다음을 기대하게 된다.

업무 분담의
중요성

　나는 일복을 타고났다. 어디를 가든 일이 넘쳐난다. 입사하자마자 스케일링이나 간단한 진료 어시스트부터 선배들의 진료가 원활하게 진행될 수 있도록 소독과 멸균, 청소, 설거지, 재료 채워 넣기, 빨래까지 모든 일을 도맡아 했었다. '내가 입사하기 전에는 이 병원이 어떻게 돌아갔을까?' 하는 생각이 들 정도로 모든 일이 나의 손에서 시작되었다. 나와 선배들 간의 업무 구분이 명확하지 않았기 때문에 하루 종일 내가 해야 할 일을 하지 않은 건 아닌지 눈치 보기 바빴다. 상황이 이렇다 보니 나에게만 일이 몰렸고, 매번 나만 바빴다. 그러나 몸이 힘든 것보다 더욱 견디기 어려웠던 건 대부분의 일들을 내가 처리하는 게 당연하다는 식의 분위기를 만드는 선배들과 방관하는 실장의 태도였다.

아이러니하게도 당시의 경험은 내가 훗날 총괄실장이 되었을 때 많은 도움을 주었다. 나는 모든 업무들을 기록하고 직원들의 직급과 포지션에 따라 일을 분배했다. 아침에 출근해서 해야 할 일부터 퇴근 전 해야 할 일까지 직원뿐 아니라 실장인 내 업무도 기록했다. 이렇게 하면 모범도 보이고, 과거의 나처럼 과중한 업무로 인해 고생하는 직원이 없을 거라고 생각했다. A직원의 면담요청이 있기 전까지는 말이다.

"실장님, 요즘 B직원이 일을 안 해서 제가 너무 힘들어요."

"일을 안 한다고? 해야 할 일을 다 정해 줬잖아. 매일 체크했을 때는 다 되어 있던데?"

"출근해서 하는 일이나 퇴근 전에 해야 하는 본인 업무는 잘해요. 그런데 환자가 없을 때는 딴짓하면서 놀다가 환자가 오면 그때서야 본인 업무를 시작해요. 그러니 제가 연달아서 진료 들어가고 중간에 스케일링도 해야 되고. 그렇게 진료 보고 소독실에 들어가 보면 기구 세척이나 소독, 멸균도 안 되어 있어서 그것까지 제가 해야 돼요."

믿을 수가 없었다.

"지금도 휴대폰 게임 하고 있을 걸요."

면담을 마치고 B직원을 어떻게 해야 할까 고민하다가 두 눈으로 직접 확인하기로 했다. 하루는 아예 날을 잡아 직원들을 관찰했다. 시간대별로 기록하면서 확인해 보니 B직원은 A직원의 말처럼 진료를 담당하는 일이 거의 없었고, 직원실에서 해야 하는 업무를 하는 게 다였다. 하지만 자세히 들여다 보니 그 이유를 알 것도 같았다. 언젠가부터 B직원이 어시스트를 담당하는 날이면, 원장님이 날카로워지는 게 너무나 잘 느껴졌다. B직원도 이것을 느끼고 있었던 건 아닐까? 환자예약이 없을 때 B직원과도 면담을 시작했다.

"실장님, 안 그래도 실장님께 상담하려고 했어요. 이 병원에서 저는 별로 도움이 안 되는 사람 같아요. 제가 진료에 들어가는 걸 원장님이 안 좋아하세요. 진료 중 필요한 작은 업무들도 A선생님이 모두 하니까 저는 하는 일이 없어요."

서로 말하지 않았을 뿐, 각자의 고충이 있었다. B직원 입장에서는 아직 진료 어시스트에 능숙하지 않다 보니 가끔 하는 어시스트도 실수하게 되고, 원장님께 여러 번 혼나면서 점점 더 피하게 되었던 것이다. 연차가 낮으니 진료 중간에 어떤 일을 해야 할지도 몰라 직원실 내에서 휴대폰만 만지게 되었던 것이다.

두 명을 모두 만족시킬 해결책은 명확한 업무 분담이었다. 지금은 능숙하지 않아서 진료에 바로 투입되지는 못하지만 언젠가는 해야 하는 일이다. A직원이 하는 일을 마냥 보면서 익힐 수 없기 때문에, 원장님의 진료를 어시스트 하는 A직원을 어시스트 하라고 업무를 주었다. 그리고 현재 세세한 진료 매뉴얼이 없기 때문에 원장님과 A직원의 업무를 모두 써서 나열해 보기로 했다. 나열한 업무를 각 업무별로 분류해서 순서를 기록하니 매뉴얼이 완성되었다. 진료 중간에 재료나 기구를 채우거나 소독, 멸균을 하는 것은 하루씩 돌아가면서 하기로 하고 담당자가 진료를 보고 있으면 다른 사람이 도와주는 것으로 정했다. 이렇게 하니 진료시간에 B직원이 직원실에 들어가 있는 시간이 현저히 줄어들었다. 며칠 뒤, 아침 회의 시간에 진료시간과 업무시간에 대한 부분까지 정리해 주었다.

"우리가 출근해서 퇴근하기 전까지 병원 안에서 쉬는 시간은 점심시간뿐이에요. 진료시간 중간에 환자가 없더라도 그 시간은 진료시간이기 때문에 개인 업무를 하면 안 돼요. 그 시간에는 환자를 준비하는 시간이에요. 다음 예약 환자를 진료하기 위해 기구나 재료를 미리 준비하고 재료 담당은 재고관리 등을 하는 시간이에요."

실장이 명확한 업무분담을 해 주지 않거나, 진료시간과 쉬는 시간을 구분지어 주지 않으면 직원들은 환자가 없을 때 업무를 보는 것이 아니라 개인시간을 갖게 된다. 개인시간을 갖는 것도 좋으나 병원에서의 할 일이 진료만 있는 것은 아니다. 진료를 하지 않는 시간에는 소독멸균, 기구세척, 진료 전 준비, 기구 및 장비 정리 등 환자를 맞이할 준비 또한 업무에 속한다. 환자가 없더라도 당연히 다른 업무를 할 수 있도록 룰을 정하는 것도 중요하다.

또, 업무가 명확히 배정되지 않으면 후배는 각종 허드렛일에 치여 정작 중요한 진료업무를 못해 성장하지 못하고 계속 제자리에 있게 되고, 선배도 후배가 실수한 일들을 뒤처리 하면서 과중한 업무로 힘들어지게 된다. 알아서 하는 업무, 도와가면서 하는 업무라는 건 없다. 각자의 업무가 먼저 배정되는 게 우선이다.

혼자서 해 보다가 도저히 안될 때 도움을 요청하는 게 현명하다.

병원이 올바른 길로 가기 위해서는 직원들에게 정확한 업무지시를 해야 한다. 그게 바로 직원을 위해 실장이 해야 할 진짜 일이다.

'과도한 업무라도 일단 업무가 나눠져 있으면 좋겠다.'라고 생각하는 선생님들이 있을 것이다. 어느 직원이 어떤 일을 하고 있는 건지 몰라서 관리를 못하고 있는 실장님이 이런 마음일 수 있고, 아침에 다른 직원들보다 일찍 출근을 하거나 손이 빨라서 진료준비, 재고파악 등의 업무를 혼자 도맡아서 하고 있는 직원이라면 업무 분장이 절실하게 필요할 것이다.

그렇다면 어떤 업무를 어디에서부터 어떻게 나눠야 할까? 먼저 업무를 나누려고 하지 말고 우리 병원에서 각자 현재 어떤 일을 하고 있는지부터 쭉 나열부터 해 보자. 그 업무가 사소하게 하는 알코올 솜 채우는 일이라도 다 써 봐야 한다. 가장 쉽게는 출근해서 하는 일, 퇴근해서 하는 일, 진료 중간중간 해야 하는 일, 진료를 봄에 있어서 장비나 기구에 대해서 하고 있는 일 등을 쭉 기록하는 것이다. 데스크에서도 마찬가지로 매일 아침에 출근해서 하는 일, 점심시간 전, 후로 하는 일, 퇴근 전에 하는 일, 일주일에 한 번씩 하는 일, 한 달에 한 번씩 하는 일 등을 기록하는데 이때 코디네이터와 실장의 업무는 같을 수도, 조금 다를 수도 있다.

이렇게 나열된 업무들에서 장비나 기구로 인해서 하고 있는 일은 그룹으로 묶거나 특수진료 등으로 그룹화하면서 담당을 정하는 것이다. 예를 들면 endo car(신경치료를 위한 장비, 재료, 기구가 모아진 이동식 장) 담당이 정해지면 장비를 매일 퇴근할 때 충전시키고, file 정리를 진료 틈틈이 해 주는 것이다. 교정기구 및 재료 담당은 부족한 교정 재료를 주문하고 정리하는 일을 하면서 교정에 관한 장비들을 필요할 때 바로 사용할 수 있도록 충전이나, 청소, 여분 부품들을 미리 확인해야 하고, 임플란트 담당이라면 임플란트 재료의 재고부터 장비의 유지관리를 같이 담당해야 한다.

이때 재료는 얼마마다 주문하고 각 장비들의 유지관리를 어떻게 할 건지는 실장이 정해 주는 게 아니라 담당자가 정할 수 있도록 위임해 주자. 각 재료마다 사용량이 다르고 유지관리하는 방법이 다르기 때문에 진료에 지장 없게 담당자가 자신의 것으로 꾸려가게 해 주는 것이다. 다만 관리 및 유지방법에 대해서는 체크리스트로 관리하고 각 직원들의 방법을 매뉴얼로 만들어 두어야 한다. 이는 담당이 바뀌거나 담당자의 장기휴가 및 퇴사에 대비하기 위해서이고, 중간관리자가 일일이 물어보고 확인하는 것이 아니라 체크리스트만 보더라도 관리감독을 해 줄 수 있고 부족한 부분은 서로 도울 수 있게 하기 위함이다.

리더십과
팔로우십

리더십이란 무리를 다스리거나 이끌어 가는 지도자로서의 능력이다. 회사, 학교, 심지어 가정에서도 리더십이라는 말을 사용한다. 병원 안에서도 리더십이 중요하다. 적으면 세 명에서 많게는 서른 명 이상 되는 직원들 사이에도 리더십은 적용되어야 한다. 병원은 조직의 직원 수가 적더라도 원장-실장-직원으로 리더십이 연결되기 때문에 다른 조직보다 특수하다고 볼 수 있다.

서울의 A병원에서 근무할 때의 일이다. 원장님은 유순한 분이셨다. 직원들에게 싫은 소리 한 번 못 하셨고, 심지어는 직원이 실수하거나 잘못을 했을 때에도 별다른 말씀이 없으셨다. 누군가에게 안 좋은 말씀을 못하시는 분이었던 것이다. 그러나 병원 내에서 누군가는 원장님을 대신해 나쁜 역할을 해 줄 수 있는 사람이 필요했고, 원장님은 그 역할을 나에게 부탁하셨다. 나 또한 병원의 올바른 경영을 위해서라면 쓴소리를 해 주는 관리자도 있어야 한다고 생각했다.

평소에도 실수가 잦았던 B직원은 그날도 어김없이 실수를 했다. 입사한 지 6개월이나 되었음에도 업무 실행 능력은 처음과 크게 다르지 않았다. 같은 진료준비만 수십 번은 더 했는데도 매번 하나씩 빠뜨리는 모습을 이해할 수 없었다. 진료준비를 요청할 때마다 뭉그적거리는 모습이 점점 눈에 띄었다. 원장님 역시 그런 B직원이 답답하셨는지 진료 중에 직접 필요한 기구를 가지고 오시기도 했다. 더 이상은 보고만 있을 수 없었던 나는, 진료가 끝나고 B직원에게 말했다.

"선생님 진료준비 할 때 좀 더 신경써서 해 주세요. 처음부터 준비를 해 놓으면 진료 중간에 일어서서 가지러 갈 일이 없잖아요. 미리 준비할 수 있게 진료별로 필요한 준비물들을 적어 두시면 어때요?"라는 내 얘기에 알겠다고 했지만 변함이 없었다. 오히려 풀이 죽어서 더 진료에 집중을 하지 못했다. 그 선생님의 성장을 위해 해 준 말이었는데 그런 행동을 보니 '내가 말실수를 한 것인가?'하는 생각에 자책했다.

그런데 더 속상한 것은 원장님의 태도였다. 풀이 죽은 직원의 기분을 풀어 주려고 평소에 안하던 농담을 하시고 간식까지 사 주는 것이 아닌가? 그 모습을 보니 '지금까지 내가 뭘 한 거지?'라는 생각과 함께 기운이 빠졌다. 괜한 일로 내가 직원들을 잡은 건가? 사실, 원장님이 부탁하지 않았다면 나도 편하게 일을 하면 되었다. 직원의 태도가 어떻든 함께 일하는 건 원장님이고 원장님만 힘드실 테니까. 하지만 중간관리자로서 그런 모습을 보고만 있을 수는 없었다. 원장님의 성향상 말씀을 잘 못하시는 것도 있었지만 진료에 방해가 되고 문제가 될 수 있기에 당연히 고쳐야 한다고 생각했다.

하지만 원장님의 그런 행동은 마치 실장인 내가 독단적으로 별것도 아닌 일로 직원들을 힘들게 한 것이 되었다. 그런 상황이 한두 번 반복되니 직원들은 실장인 나를 따르지 않고 무슨 일이 생기면 바로 원장님을 찾게 되어 실장의 입지가 자연스럽게 줄어들게 되었다.

중간관리자라면 포지션이나 역할에 대해 이야기를 하지 않고 근무를 시작할 수는 없다. 그 자리에 의지하는 역할은 원장님마다 조금씩 다를 수 있으니 말이다. 사전에 미리 고지가 있었던 역할이었음에도 불구하고 나쁜 실장으로 자리 잡히는 것 같아 내 능력을 탓했던 날들도 있었다.

9년차 때에 근무한 병원에서는 개원하신 원장님과 처음부터 병원을 만들어 나갔다. 봉직의사로만 오랫동안 근무를 하셔서인지 병원의 방향성이나 원장 본인의 역할, 실장의 포지션에 대해 깊게 생각을 해 보지 않으신 듯했다. 이럴 때일수록 실장인 내가 조금 더 직원들을 다독이고 병원과 함께 성장할 수 있도록 노력해야겠다 싶어 다양한 시도를 했다.

내가 직접 프로그램 사용법도 교육했고 같이 진료하는 건 처음이기 때문에 앞으로 진료를 원활하게 하기 위해서 직원들과 함께 매뉴얼도 만들어 보기로 했었다. 순조롭게 병원을 만들어 가나 싶었는데 원장님은 그런 교육이나 매뉴얼을 탐탁치 않아 하셨다. 원장, 실장, 직원들이 한 팀이 되어야 하는데 원장님과 실장인 내가 점점 대립하게 되는 구조가 되니 진료적인 것보다 병원 안에서의 관계 때문에 더 고생했던 게 기억이 난다.

중간관리자에게는 리더십은 물론이고 리더십과 비교개념인 팔로워십이 필요하다. 팔로워십이란 부하로서 바람직한 특성과 행동을 말한다. 실장은 원장님과의 관계에서는 팔로워십을 발휘하고 직원들과의 관계에서는 리더십을 발휘해야 한다. 하지만 한 병원의 수장인 원장님이 리더십을 먼저 발휘하지 않으면 자연스럽게 실장과 직원들은 팔로워십을 나타내지 못한다. 이렇게 되면 실장이나 팀장은 직원과의 관계에서 반쪽짜리 리더십을 발휘하게 되고 성공한 조직이 되기 어려울 것이다.

직원의 행동을 교정해야 할 때는 먼저 원장님과 논의하고 간단하게라도 동의를 받는다. 그런 후 직원에게 행동 변화를 요청할 때는 만약 직원이 나(실장)를 잘 따르지 않는 성향일 경우, '원장님과 상의를 해서 전달해 드립니다.'라는 말로 시작하여 원장님도 동의하신 내용임을 밝힌다. 그리고 그 직원의 '문제 행동'과 '그로 인해 병원에 끼치는 악영향'을 객관적으로 설명해 준 뒤, '개선 방향'을 짚어 준다. 그 개선 방향에 대한 직원의 생각을 듣고 동의를 받는다.

《완벽한 팀》의 저자 마크 허윗과 사만다 허윗은 책을 통해서 리더십과 팔로워십의 관계를 깊이 있게 이야기한다. 이 두 요소는 밀접하게 짝을 이루어 협업을 하는데 도움이 된다. 또한 구성원에게 목표를 공유하게 되면 공동의 목표 안에서 개인의 목표 또한 설정하게 되어 성장하게 된다고 말한다.

나는 십 년 이상 병원근무를 하면서 병원의 목표가 무엇인지 궁금해 한 적이 없다. 병원 안에서의 내 목표 또한 생각해 보지 않았다. 하지만 앞으로 더 나은 병원 생활을 위해서 나의 목표, 나의 신념에 대해 요즘 생각이 많다.

나는 어떤 중간관리자가 되고 싶은가? 원장님을 따르면서 직원들을 리드하며 상황에 따라 유연하게 관계를 형성할 수 있는 조직문화를 만드는 중간관리자, 병원의 성장과 직원의 발전을 위한 시스템과 매뉴얼을 구성하며 나 또한 성장하는 중간관리자, 환자에게 부끄럽지 않은 진료를 제공할 수 있도록 진료환경을 만들어 가는 중간관리자, 부족한 것은 기꺼이 받아들이고 역량강화와 자기 개발에 힘쓰는 중간관리자 등 내 손으로 쓰고 내 입으로 말해보는 시간을 가져 보자.

직접 쓰고 말함으로써 내 목표와 비전은 더 명확해질 것이다. 내 목표가 정해지고, 내 목표와 맞는 병원을 만나게 된다면 의식하지 않아도 리더십과 팔로워십을 발휘하고 병원성장뿐만 아니라 성장하는 자신 또한 볼 수 있을 것이다.

4장

나는 병원의
중간관리자입니다

감정보다는 감성

데스크에서 근무하다 보면 환자의 컴플레인을 가장 먼저 듣게 된다. 이미 기분이 상한 고객은 무엇이 문제인지보다는 감정적으로 화풀이하는 경우가 많다. 그렇게 고객의 감정을 오롯이 받아들이고 해결하고 나면 그 감정이 내게 옮겨오는 경우가 있다. 그리고 그 감정을 그대로 직원에게 쏟아내기도 한다.

"왜 그렇게 했어? A환자 지금 컴플레인 걸고 갔잖아! 지난번에도 그러더니, 똑같은 일 좀 안 생기게 잘해."

고객에게 받은 나쁜 감정을 직원에게 그대로 쏟아 내면 문제는 해결될까? 직원은 '아 내가 정말 잘못했구나.'라고 생각하며 뉘우치게 될까? 그렇지 않다. 오히려 잘못했다는 생각이 들었다가도 '내가 그 정도로 잘못한 건 아닌 것 같은데 정말 너무하네.'

라는 생각에 반발심이 들 수도 있다.

이때 똑똑한 중간관리자는 화를 내기보다는 먼저 놀랐을 직원을 다독여 줄 필요가 있다. 그런 다음, 무슨 일이 있었는지 상황 파악을 해야 한다. 직원이 왜 그런 행동을 한 것인지, 직원 개인 문제인지, 아니면 병원 시스템의 문제인지를 찾아야 한다. 그리고 다시는 그런 실수가 생기지 않게 해결책을 마련해야 한다.

후배의 입장을 무조건 이해하라는 의미는 아니다. 중간관리자로서 모든 직원들을 이끌어 나가려면 때때로 모진 말도 해야 하고, 냉정한 판단력도 필요하다. 선택과 집중이 요구되는 순간에도 찰나의 기분 대로 말하고 행동한다면 직원들은 실장을 신뢰하기보다는 무능력하고 믿음직스럽지 못하다는 반발심만 들게 될 것이다.

언젠가 JTBC 예능 〈뭉쳐야 찬다〉에는 2002 한일월드컵의 축구스타들이 나와 그 당시 에피소드를 이야기를 한 적이 있었다. 2002년이면 박지성 선수도 두각을 보이기 전으로 당시 가장 잘 나가고 유명한 선수는 반지의 제왕, 안정환 선수였다. 그때 안정환 선수는 26세로 홍명보, 황선홍, 유상철, 김진철 선수들이 선배로 있고 송종국, 이천수, 박지성 선수들이 후배로 있는 중간 라인이었다.

"그때 우리가 막내들한테 불만을 이야기를 못하겠으니까 다 정환이한테 말을 했었죠. 그런데 후배들한테 이야기하지 않고 다 자기가 안고 가더라고요."

실력 있고 유명한 선수였던 자신에게 선배들이 후배들 군기를 잡으라고 하고, 본인들의 불만을 전달하라고 했을 때 자신보다 못하는 선수들을 나무라고 잘하라고 채찍질을 하면서 모욕감을 주었을 법도 한데 전혀 그런 행동을 하지 않았다는 것이다. 선배와 후배 사이에서 감정적으로 흔들리지 않고 중심을 지켰기 때문에 2002년 한일월드컵의 4강 신화를 만들 수 있었던 것은 아닐까?

원장과의 관계에서도 마찬가지이다. 실장이 원장에게 의견을 제시하는 건 좋지만 사사건건 직언을 한다면 원장은 실장의 마음을 읽기도 전에 마음을 다칠 수도 있다. 원장의 행동으로 인한 환자들의 불만이 접수된다고 가정해 보자. 치료해야 할 치아가 혀나 입술에 가려 시야확보가 잘 되지 않으면 날카로운 기구에 의해 다칠 수 있으니 원장님은 근육조직을 격리(retraction)시키기 위해서 격리 기구를 이용해 근육을 당겨야 한다. 이때 힘 조절이 잘 안되기도 하고, 치료에 집중하다 보면 격리시키는 기구가 입 안 점막이나 잇몸을 누르게 되는 경우가 생길 수 있다. 진료 부위는 마취를 하기 때문에 아프지 않지만 오히려 눌려진 다른 부위가 멍들거나 아플 수 있다. 진료 도중 통증을 느끼는 환자들을 보거나 진료 후 컴플레인을 하는 환자들이 있으면 원장님께 보고를 드려야 한다. 이때, 앞뒤 설명 없이 "원장님 격리 좀 제대로 해 주세요."라고 말한다면 원장은 자존심이 상할 수밖에 없고, 직원의 말을 따르는 것 같아서 오히려 반대로 행동할 수도 있다.

듣기 좋은 말로 아부를 하라는 게 아니라 기분을 상하지 않게 하되 스스로 행동을 바꿀 수 있도록 전략적으로 말해 보자.

"원장님. 환자분 다치지 않게 격려 잘해 주셔서 저희도 시야 확보하기 쉽고 환자분도 안전하게 진료 받을 수 있는 것 같아요. 환자분들도 그런 원장님의 마음을 충분히 아시고 진료 만족도도 높으세요. 그런데 너무 세게 잡아당기면 입술이 찢어지거나 아파하시는 분들도 종종 있으시더라고요. 그럴 때는 저희가 retraction해도 괜찮을까요? 원장님도 지금 주시는 힘의 70% 정도만 써 주시면 좋으실 것 같아요."

강한 직언이 큰 힘을 갖는 건 아니다. '감정'이 아닌 '감성'을 움직인다면 진료의 퀄리티는 물론이고 환자응대도 좋아질 것이며 매출 상승까지 이어지는 시너지 효과가 나타날 수 있다. 직원들과 원장님에게 감정이입을 해서 그들의 입장에서 먼저 공감한다면 감정을 내비치는 일은 없을 것이다. 중간관리자가 환자의 마음을 열기 전, 원장과 직원의 마음을 먼저 열어 보는 건 어떤가? 원장과 직원은 가장 먼저 마음을 얻어야 하는 첫 번째 내부고객이다.

우리는 서로의
VIP

문득 몇 년 전 함께 일했던 P원장님이 생각난다. 퇴사한 지 몇 년이 지났지만 한 번씩 생각나는 건, 내게 좋은 기억으로 남아 있기 때문일 테다. 원장님은 진료도 시원시원하게 하시고 직원들에게도 친근하면서도 쿨하게 대해 주셨다. 그런 원장님을 보기 위해 내원하는 환자들도 많았다. 후배 원장들이나 직원들도 P원장님을 존경하며 잘 따랐다. 그런데 이런 원장님에게도 단점이 하나 있었다. 그건 바로 급한 성격이었다. 눈과 손이 굉장히 빨라 어려운 수술도 곧잘 마무리하시고, 검진할 때도 매의 눈으로 잡아내셨지만 집중하다 보니 치식(치아 번호)을 잘못 불러줄 때가 있었다. 이로 인해 의료사고가 날 뻔한 사건이 몇 번 있었다.

이후, 원장님이 치료계획을 세우며 치식을 불러 주어도 반드시 상담 전에 방사선 사진을 확인하고 조금 이상한 부분이 보이면 다시 원장님께 가서 체크를 했다.

그날도 평소와 다를 게 없는 하루였다. 나 혼자 상담을 하다 보니 상담이 길어지면 상담대기자가 생기기도 하는데 그날도 상담대기자가 몇 분 있어서 처음 오신 환자의 예진을 같이 보지 못했다. 보통 신환은 방사선 촬영 후 원장님이 검진을 하고 치료계획을 세우는데 늘 내가 함께 서서 듣는다. 이 날은 옆에서 듣지 못하고, 상담을 위해 미리 파노라마사진과 치료계획을 확인하는데 이해가 안 되는 부분이 있었다. 평소처럼 치식을 잘못 불러 주신 것인지, 진료실 직원이 잘못 적은건지, 아니면 예진할 때 원장님이 못 보신 부분이 있는 건지 확인이 필요했다. 상담실에서 기다리고 계시는 환자분께 상담 전 확인이 필요한 부분이 있으니 잠시만 기다려 달라고 말씀드리고 원장님 방문을 두드렸다.

"원장님, A환자분 계획에 대해 여쭤볼 게 있어요. 발치계획이 맞나요?"

"응, 맞아. 왜?"

"제가 파노라마를 봤을 땐 괜찮은 것 같아서요. 다른 치료를 먼저 해 볼 수 있을까요?"

"고집부리지 말고 하라면 해!"

"아니, 그게 아니라요……."

"민경아, 고집 좀 꺾어."

무슨 정신으로 원장실을 나왔는지 모르겠다. 존경하는 원장님이 실수를 하더라도 빨리 바로 잡으려고 한 번 더 확인하는 과정을 거치고, 환자분들을 위해 더 좋은 의견을 제시하는 내 행동에 나름 자부심이 있었다. 발치 대신 치료를 해서 조금이라도 수명을 연장시킬 수 있다면 환자에게도 좋을 것이라고 생각했다. 그런데 지금까지 내가 했던 행동들이 사실은 원장님의 말을 듣지 않고 고집부리는 걸로 보였다니. 그동안 열심히 했던 치과 생활이 통째로 부정당하는 기분이었다.

그 사건으로 사기가 한풀 꺾여 매사에 행동이 소심해졌다. 비단 그날의 일 때문만은 아니었을 것이다. 그동안 치료계획을 확인할 때마다 어쩌면 내가 원장의 진단을 믿지 못하고 자기 생각이 옳다며 고집을 부리고 있다고 생각했을지도 모른다. 원장님께 다른 병원 경영관련 의견을 낼 때도 '내가 이렇게 말을 하면 건방지다고 생각하는 거 아닐까?'라는 생각에 마음껏 의견도 낼 수 없었다.

그 이후 이직을 한 병원에서도 비슷한 경험을 했다. 근무 초반에 열의에 차서 이것저것 의견을 많이 제시했고 환자의 치료계획이나 진행에 있어서 더 좋은 방향이 될 수 있는지 고민하고 L원장님과 상의도 많이 했었다. 항상 이렇게 의견을 말해줘서 너무 좋다고 말씀하셨던 L원장님이 어느 날 데스크로 나와서 "구실장, 내 의견에 좀 따라 줬으면 좋겠어."라고 말씀하시는 게 아닌가? 두 번째로 뒤통수가 '띵~' 했던 날이었다.

이런 일을 몇 번 겪고 나니 '나의 태도에도 문제가 있는 건가' 하는 생각이 들었다. '내가 애정을 가지고 한 행동이라도 다른 사람에게는 잘못된 행동으로 보일 수도 있구나.' 하는 생각에 한동안 일이 손에 잡히지 않았었다.

그러던 어느 날 내 생각을 전환하게 된 사건이 있었다. 부모님을 모시고 인터넷상에서 맛집이라고 알려진 식당으로 식사를 하러갔다. 유명한 식당답게 상이 꽉 차도록 먹음직스러운 음식들이 나왔다. 우리는 잔뜩 기대를 하고 먹었고, 곧 실망했다. 기대에 비해 정말 별로였다. 평범한 음식점보다도 못한 맛에 우리 가족은 먹는 둥 마는 둥 식사를 마치고 나왔다. 계산을 하고 나오면서 본 다른 테이블도 우리와 마찬가지 반응이었다. 광고 블로그에 속아서 멀리까지 식사를 하러 왔다는 것이 분해서 반박 글을 올리려고 했는데 부모님이 제지했다.

"다시 안 오면 되지, 공들여서 뭐 하러 그렇게 해. 단골손님이나 컴플레인 하는 거야. 다른 손님들도 몇만원 손해 봤다고 생각하고 다시는 찾지 않을 거다."

장사하시는 부모님은 불만을 말하는 손님에게 오히려 고맙게 생각한다고 하셨다. 애정이 있기 때문에 에너지를 쓰면서 찾아보고 고민하고 의견을 말한다는 것이다.

병원도 마찬가지다. 말해도 바뀔 것 같지 않거나 조직 안에서 존재감이 느껴지지 않는다면 그저 "네."라고 대답만 하며 수동적으로 행동하게 된다. 그에 반해 병원에 애정이 있는 직원들은 "제 생각은 조금 다릅니다.", "이런 방법은 어떨까요?" 등 적극적으로 자기주장을 하게 된다. 그저 시키는 것만 하고, 대답 잘하는 직원만이 좋은 직원은 아니다.

그렇다고 무조건 자기주장만 해서도 안 된다. 내가 성숙하지 못했을 때 원장님과 오해가 생겼던 건 각자의 입장에서만 생각했기 때문이다. 각자의 위치가 다르고 역할이 다르니 서로 생각이 다를 수밖에 없다. 이때 상대방의 입장에서 한 번만 생각한다면 충분히 이해됐을 것이다. 나는 병원에 도움이 되고자 했던 말이 사실은 상대방에게 상처가 되거나 오히려 독이 될 수도 있다. 항상 진료시간이 오버가 되는 원장님에게 "원장님, 왜 항상 제시간에 끝내지 않으시고 늦게 끝내 주시는 거예요?"라고 묻기 보단 원장님 진료시간을 잘못 예측하고 있는 건 아닌지 시스템을 확인해서 환자들 또한 예약시스템으로 인한 불편감이 있진 않은지 확인이 필요하다. 내가 원장님 자리라면 어떨지, 원장님도 내가 직원의 자리에 있다면 어떻게 했을지를 역지사지의 입장에서 생각하고 고민하면 좀 더 다르게 표현할 수 있을 것이다. 그리고 서로의 입장 차이를 좁혀 함께 윈윈하는 병원으로 성장할 수 있을 것이다.

그 위치에서만 할 수 있는 생각이 있다. 불만이라고 제쳐두지 말고 성장할 수 있는 밑거름이라고 생각해 보자. 같은 공간에서 함께 일하는 우리는 서로의 VIP 고객이다.

직책은
리더십이 아니다

이제 갓 1년차 딱지를 떼게 된 햇병아리 신입이 실장을 무시한 사건이 일어났다. 실장을 통하지 않고 바로 원장님께 "저, 그만두겠습니다."라고 한 것이다. 마치 회사에서 말단 직원이 바로 사장에게 찾아가서 퇴사하겠다고 말하는 것과 같다.

이 신입은 바로 나다. 회사에 빗대어 보니 중간절차 없이 한 행동이 그렇게 좋아 보이지는 않지만 당시에는 그럴 수밖에 없는 사정이 있었다. 첫 직장은 너무나도 힘들었다. 환자가 많고 일이 힘든 건 어떻게든 이겨낼 수 있었지만, 원장님과 실장님의 히스테리는 견디기 버거웠다. 사람마다 느끼는 건 비슷했는지 다른 직원들도 하루 일하고 다음날 나오지 않거나, 한 달 월급을 받고 잠적하거나, 오전 근무만 하고 점심시간에 바로 짐을 싸서

가는 게 일상이었다.

　도망치듯 퇴사하는 선생님들을 볼 때면 흔들렸지만 이왕 시작한 거 끝까지 버텨 보려고 발버둥치던 어느 날, 유독 실장님의 히스테리는 극에 달했다. 견디다 못해 그만둔 동기의 퇴사일로부터 두 달 정도 되었을 때였기도 했다. 순간 '아 도저히 못 참겠다!'라는 생각이 들었고 모두 퇴근 후 원장실로 찾아갔다.

　"원장님, 드릴 말씀이 있어요."

　말을 하면서도 가슴이 콩닥거리고 손이 부들부들 떨리는 바람에 원장님을 제대로 쳐다볼 수도 없었다.

　"휴, 그래. 여기 앉아."

　원장님도 뭔가 눈치를 챈 듯 한숨을 내쉬었다.

　"저 더 이상 근무 못하겠어요."

　"민경 쌤, 왜 그래? 무슨 일이야? 출퇴근이 너무 힘들어? 그런 이유라면 내가 기숙사 마련해 줄게."

　"아니요. 혼자 서울에서 사는 게 너무 힘들어서 다시 부모님 계시는 지방으로 내려가려고요."

　원장님과 실장님은 10년 이상을 함께 일해 오셨기 때문에, 퇴사사유를 실장님 히스테리로 말한다고 한들 바뀌는 건 없을 것이라 생각해서 거짓말을 했다. 부모님 핑계를 대니 더 이상 원장님도 나를 곤란하게 하지 않으셨고, 그날로부터 한 달 뒤에 퇴사하기로 결정되었다.

　한 달 동안은 꾹 참고 출퇴근만 하면 끝이라는 생각에 홀가분

했다. 하지만 문제는 그 이후에 생겼다. 나의 퇴사 소식은 일주일 뒤에 전 직원들에게 알려졌고, 그때부터 실장님은 나를 투명인간 취급했다. 퇴사예정자인 나를 더 이상 괴롭히지 않을 거라 생각했지만, 실장님은 내가 자리에 없을 때면 다른 직원들에게 나를 예의 없는 어린애라고 말했다. 나는 그 모든 이유를 퇴사를 하루 남기고서야 진료팀장님으로부터 들을 수 있었다.

"너 그만두는 거 왜 실장님한테 말 안하고 바로 원장님한테 말했어?"

"네? 아, 그게……."

말문이 막혀 버렸다. 중요한 일이 있을 때에는 당연히 원장님께 바로 말씀 드려야 한다고 생각해 왔었기 때문이다.

"병원에 체계라는 게 있는데 실장님을 무시하고 바로 원장님한테 가서 말하면 실장님은 뭐가 되겠어? 내일 퇴사하기 전에 실장님께 죄송하다고 꼭 말해! 알았어?"

그 당시에는 내가 뭘 잘못했는지 전혀 알지 못했고 억울하기만 했다. 눈물이 나오는 걸 가까스로 참았다. 개념 없는 사람이 되기 싫어서 한 달 동안 투명인간 취급을 받으면서도 꿋꿋이 근무했는데 결국 개념 없는 사람이 되어 버렸다.

물론, 실장님을 통하지 않고 바로 원장님에게 말한 건 지금 생각하면 잘못된 일이다. 그러나 당시에는 그럴 생각을 하지 못했다. 아니, 하고 싶지 않았던 것 같기도 하다. 평소 실장님은 어렵거나 껄끄러운 일들을 1년차인 나와 동기에게 넘겼다. 실장이 해야 할 일임에도 곤란한 업무는 피하고 실장이라는 직책을 이용해서 본인 기분대로 병원을 휘둘렀다. 샌드위치 공휴일이 있는 날은 "샌드위치니까 쉬면 좋겠다. 원장님한테 한번 물어 봐. 병원 일정 확인도 좀 하고."라고 하는 건 기본이었다. 거래처의 미결제금액을 원장님께 말씀드려야 할 때도 "미결제 금액 결제 요청해."라며 직원들을 시켰다. 직원들을 위해서 스스로 무언가를 하는 것이 아니라 직원들을 방패로 삼고 자신의 안위만 생각하는 실장은 '리더'로서 믿고 의지하고 싶은 마음이 전혀 들지 않았다. 그랬기에 원장님께 바로 말씀드린 거였고 지금도 나는 그때의 내 행동을 후회하지 않는다.

직원들에게 직책의 이름으로 힘을 휘두르는 것이 아니라 존중받을 수 있는 리더인지 스스로에게 물어보자. 그동안 나도 모르게 그렇게 했다면 지금이라도 방향을 틀어보자. 늦었다고 늦은 것이 아니다. 잘못된 것을 알고 방향을 바꿀 줄 아는 용기 또한 진정한 리더의 자질이다. 직책의 힘만 믿고 휘두르면 결국 그 자리에서 내려오게 될 수밖에 없다.《리더십의 법칙》에서 전 세계 최고의 리더십 전문가인 존 맥스웰의 말을 기억하자.

"리더십에는 '직위 - 허용 - 성과 - 인물계발 - 인격'의 5단계가 있는데 직위에서만 리더십이 발휘되는 것은 리더십의 기본적인 입문수준이다. 이 수준에 머물러 있다면 유일한 영향력은 직함에서 나오는 것뿐이다. 그러나 진정한 리더십이란 권위를 능가한다. 스스로 지도자라고 생각해도 따라가는 직원들이 없다면 리더십 수준이 매우 낮은 것이다. 직원들의 발전을 위해 의미 있는 관계를 통해서 시키지 않아도 나를 위해 일하도록 만들어야 한다."

실장이라는 직함으로만 직원들 위에서 군림하려고 하지 말고 진정한 리더십으로 시키지 않아도 스스로 일하고 따라오게 만드는 리더십을 발휘할 때 '진짜 리더'가 될 수 있을 것이다.

일 잘하기
vs 일 잘 맡기기

　서로 다른 성향인 두 명의 실장이 있다. 1년차부터 실장이 되기까지 승승장구 해오던 A실장. 환자응대, 진료준비, 진료어시스트, 데스크업무까지 모든 분야에 자신 있었기 때문에 업무를 맡는 것에 두려움이 없었다. 실장이 되어서도 직접 환자를 응대하고 진료를 보며 발로 뛰는 실전형 실장이었다. 원장님도 어려운 진료케이스가 있으면 A실장님에게 진료를 맡겼다. 리더가 너무 뛰어나다 보니 그런 실장 옆에 있는 직원들은 뭘 해야 할지 몰라 했다. 원장님 입장에서는 그런 직원들이 무능해 보이고 실장이 여러 가지 일은 잘 하는 것 같은데 매출은 항상 최소로만 유지가 되니 불만이 많았다. 매년 연차가 높아졌다며 연봉을 올라달라는 직원들이지만 제대로 하는 일이 없었고, 직원들의 급여가 높아지는 만큼 매출도 오르지 않으니 말이다.

A실장은 일을 잘 한다고 칭찬받아서 좋긴 했지만 본인만큼 일을 하지 못하는 직원들을 이해할 수 없었다. 열심히 일하는 것에 비해 매출이 오르지 않는 것도 매번 답답해했다. 직원들도 혼자만 일하는 실장을 잘 따를 리 없었고 분위기는 삭막해져 갔다. 실장의 큰 업무 중 하나인 환자관리를 진료시간에 할 수가 없으니 퇴근하지 못하고 남아서 리콜을 하는 날도 많아졌다. 월초가 되면 지난달의 보험 청구 전체를 검토하여 건강보험심사평가원에 보내야 하는데 보름이 넘도록 접수하지 못하는 일이 지속되니 원장님은 A실장을 재촉하기 시작했다. A실장은 병원일은 혼자 다 하는 것 같은데, 도리어 다그침을 당하니 스트레스는 극에 달하기 시작했다.

반면, 특별히 잘하는 업무는 없었지만 이상하게 매출은 잘 나오게 하는 B실장이 있다. 상담실에서 환자 상담만 주야장천 하는 것도 아니고 데스크에서 업무를 열심히 하는 것도 아니다. 그렇다고 진료실에서 직접 환자의 진료를 도와주는 것도 아닌데 어떻게 환자를 만족시키면서 병원의 매출도 올릴 수 있었을까?

비결은 직원들의 능력을 알아보고 그 능력에 맞는 일을 맡기는 것에 있었다. 전체 진료실을 한 번에 파악해서 정리해 줄 수 있는 직원에게 진료팀장의 역할을 맡기고, 진료실 직원이지만 상담에 관심 있고 가능성 있어 보이는 직원들에게 체어사이드에서 간단하게 상담을 진행하고 바로 진료와 이어질 수 있도록 초기 교육을 했다. 간단한 충치치료나 잇몸치료 등의 상담을 진료실에서 맡아 주니 실장은 임플란트나 교정 등 어려운 진료가 필요한 소수의 환자와의 상담에 집중해서 정성껏 설명드릴 수 있어 환자분들 또한 만족하고 진료를 시작하게 된 것이다.

A실장도 혼자서 모든 일을 다 하지는 않았다. 진료를 하다가 상담을 해야 하는 환자가 있으면 옆에 있는 직원에게 진료를 맡기고 상담을 진행했고, 임플란트 환자의 상담이 길어지면 간단한 충치치료의 상담은 진료실 직원에게 맡기기도 했다.

두 실장 모두 직원들에게 일을 맡겼지만 차이점이 있다. A실장은 그때그때 상황을 모면하기 위해서 직원에게 일을 맡긴 것이고 B실장은 직원들의 역량을 키워 주고 일이 원활하게 진행되기 위해 사전에 직원들과 면담을 통해 직원들이 뭘 원하는지 파악하고 필요한 교육을 했던 것이다.

실장의 능력을 평가할 수 있는 건 더 이상 환자응대를 잘하거나 임플란트 수술에서 어시스트를 잘하는 것으로 평가하지 않는다. 직원들에게 어떤 업무를 맡기고 어떻게 관리하느냐에 따라 병원 전체가 달라진다. 단순히 업무의 분담이 아니라 그 직원이 왜 그 업무를 해야 하고, 어느 한계 안에서 본인의 역량을 펼쳐 볼 수 있는지를 실장이 만들어 주어야 한다.

A실장처럼 일을 맡기게 되면 일을 받은 직원은 급하게 일을 처리하기 때문에 책임감도 없고 성취감도 없다. 직원들은 점점 수동적으로 변해가기 때문에 성과도 나지 않는다. 반면에 B실장은 직원들이 일하는 재미를 느끼고 스스로 알아서 할 수 있도록 원동력을 제공하니 성과가 좋을 수밖에 없다.

우습게도 A실장은 나의 모습이었다. 내가 잘하면 다 될 것이라고 생각하고 모든 것을 안고 갔다. 결국 누구에게도 인정받지 못하고 자존감도 바닥을 쳤다. 지금은 B실장이 되기 위해 나아가고 있다. B실장은 다온C.S.M컴퍼니의 내부시스템 컨설팅을 받은 한 치과의 실장이다. 시스템 구축은 끝났지만 여전히 이를 활용하고 유지하며, 직원들이 자신의 업무를 명확히 알고 성장할 수 있도록 돕고 있다. 직원과 원장의 인정과 신뢰 속에서 병원을 이끌어가는 B실장을 보면 정말 멋지다는 말이 절로 나온다.

많은 실장들이 그럴 것이다. 처음부터 실장이 아니었고, 실장 감이 있는 것도 아니다. 어쩌다 보니, 우연한 기회에, 연차가 차다 보니, 경력이 쌓이다 보니 실장이 되기도 한다. 한 번도 해보지 않은 조직관리와 환자관리를 처음부터 어떻게 잘할 수 있으랴? 나 또한 완벽한 사람이 아니기에 매일, 매일 성장하며 배우고 있다.

우리 서로 힘을 빼 보자. 어깨에 힘을 잔뜩 올리고 있으면 목 디스크에 걸리기 십상이다. 잘 해야 한다는 마음도 내려 놓고, 내가 다 해야 한다는 생각도 내려 놓자. 그리고 우리 모두 한 번쯤은 보았을 《어린왕자》의 작가 생텍쥐페리가 한 말을 잊지 말자.

"배를 만들고 싶다면 사람들을 시켜 나무를 모으고 역할을 나누고 명령을 내리면서 북을 칠 것이 아니라 거대하고 끝없는 바다를 갈망하게 만들어라."

당신은 어떻게 배를 만들고 싶은가? 그 과정에서 어떤 역할을 하고 싶은가?

호랑이는 가죽을 남기고,
실장은 매뉴얼을 남긴다

"실장님! 저 데스크업무 좀 알려 주세요!"

평소 데스크에 관심이 많아 보였던 한 진료실 직원이 말했다. 기특해 할 새도 없이 마음 한편에서 욱하는 감정이 일었다. 예약 환자가 오지 않은 탓에 누군가에게는 한가하게 느껴질 수도 있는 시간이었지만, 나는 밀린 보험청구와 리콜을 정리하느라 물 한 잔 마실 여유가 없었다. 대기실을 왔다갔다하면서 바쁜 게 보였을 텐데 대뜸 데스크업무를 알려 달라고 하니 교육해 주고 싶은 마음이 있다가도 사라졌다.

평소에 직원들이 필요한 교육이 있으면 그때그때 해 주곤 했다. 그래서 그 직원도 데스크업무를 배우고 싶은 마음에 내게 요청을 했던 것이리라. 하지만 그 순간 정신없이 바쁜 나의 상황을 알아주지 않는 직원이 야속하기만 했다. 결국 바쁜 일 마무리하고 교육을 하기로 하고 교육날짜를 잡았다. 어찌되었든 배우고자 하는 열정이 있다는 것만으로도 감사한 것이니까. 중간관리자라면 그런 직원들의 열정을 높이 사고 성장할 수 있게 도와주어야 한다. 인재가 많을수록 병원도 성장하고 중간관리자 역시 더 크게 성장할 수 있다.

나는 몇해 전까지만 해도 직원들에게 교육을 해 주지 않았었다. 어린 나이에 실장이 되다 보니 마음이 옹졸했었다. 내 자리를 빼앗길 것만 같은 두려움에 매일 야근을 하는 한이 있어도 다른 직원들에게 내 업무를 알려주거나 나누어주지 않았다. 그러다보니 일이 밀리고, 퇴근 시간은 점점 늦어지게 되었다. 그렇다고 매출이 특별하게 오르지도 않았다. 결과가 별반 다르지 않으니 원장님도 나의 수고를 크게 알아주시지 않았고, 직원들 또한 어차피 내가 다 처리할 거라는 생각을 하게 되었다.

그러던 중 새로 입사한 직원의 태도에 내 생각이 바뀌었다. 그 직원은 작은 것 하나라도 알려 주면 고맙게 받아들이고 알려 준 것 이상으로 공부를 해 와서 좋은 결과를 보여 주었다. 그런 모습이 너무 예뻐서 계속 교육을 해 주었다. 내가 절대 알려 주지 않고 꽁꽁 싸매고 있었던 업무들을 하나 둘 알려 주면서 같이 나누어서 하니 자동차보험이나 산재보험 같이 새로운 업무를 배울 수 있었다. 원장님도 그런 나를 격려해 주셨다. 혼자서 끙끙 앓으면서 일하는 것보다 후배를 교육해 주고 같이 일하는 게 더 뿌듯하고 보람되었다.

이 즐거움을 한 번 맛보고 나니 그때부터는 직원들 교육에 더욱 열을 올리게 되었고, 커리큘럼까지 짜서 체계적으로 교육을 하기 시작했다. 그리고 그때의 경험들이 지금 강사 활동하는 데 큰 도움이 되었다. 그때 만든 자료들은 강의를 할 수 있는 뼈대가 되었고, 더 많은 병원종사자들이 좋은 교육을 통해 성장했으면 하는 마음과 함께 계속 콘텐츠를 개발하고 업그레이드 시킬 수 있는 원동력이 되었다.

얼마 전 실장으로 이직한 동기가 4개월 만에 전화가 왔다.

"나 요즘 정말 너무 힘든데 하소연할 데가 없어서 너한테 전화했어."

피곤이 가득 묻은 목소리였다.

"내가 첫 출근해서 지금까지 바빴던 이유가 뭔 줄 알아? 글쎄 출근해서 데스크 컴퓨터, 상담실 컴퓨터를 켜 보니까 이전 실장이 인수인계 자료는커녕 본인이 사용했던 상담, 교육 자료를 다 지우고 퇴사했더라고? 당장 상담을 해야 되는데 자료가 하나도 없으니까 틈나는 대로 병원에서 자료수집하고 퇴근하고 자료를 만드느라 너무 정신없었어."

나도 예전에 이런 경험이 있었다. 진료와 데스크업무를 하면서 자료까지 만드느라 몇 달을 고생했던 기억이 나서 동기의 현재상황이 이해가 되고 얼마나 고생했을지 눈에 보였다. 물론 본인이 만든 자료이지만 병원과 환자의 자료를 활용해서 만든 것을 무단으로 삭제하다니. 일반 직원도 아니고 실장으로 근무했던 사람의 인성이 의심되었다.

"원장님도 그 사실 알고 화나서 며칠 힘들어하셨는데 워낙 맘이 약한 분이셔서 그 실장한테 뭐라고 하지도 못하셨지. 나한테 많이 미안해하시더라고. 원장님이 내가 고생하는 걸 알아주시니 어떻게든 힘내서 하게 되더라. 근데 그게 전부가 아니야."

전부가 아니라니. 이것보다 정신없는 일이 뭐가 더 있을까 생각해 봤다.

"저번 주까지 근무했던 팀장이 퇴사했는데, 글쎄 그 팀장도 진료실 선생님들한테 교육을 하나도 해 주지 않았어서 데스크가 좀 진정되니까 이제는 진료실이 문제야."

엎친 데 덮친 격이었다. 팀장이라면 진료실에서 전반적인 재료나 기구들뿐 아니라 거래처들까지 관리했을 텐데 그런 부분들을 전혀 인수인계하지 않고 그만두다니. 실장과 짜고 그런 건 아닌지 의심스러웠다.

상황을 듣고 있자니 동기도 퇴사를 생각하고 있는 건 아닌지 걱정되었다. 다행히 책임감이 강했던 동기는 처음부터 시작하는 마음으로 하나하나 만들어 나갈 거라고 했다. 조금이라도 도움이 되고 싶어서 가지고 있던 교육 자료들을 몇 개 보내 주었다.

호소유피 인사유명(虎死留皮 人死留名)이라는 고사성어가 있다. 죽어서 명예를 남기기 위해서 사람은 이름을 더럽히는 일은 하지 말아야 한다는 말로 '호랑이는 죽어서 가죽을 남기고 사람은 죽어서 이름을 남긴다.'라는 속담과 비슷한 말이다.

평범한 우리도 이름을 남길 수 있다. 그리 어렵지 않다. 병원에 근무하면서 내가 만든 상담자료, 교육자료, 매뉴얼 등이 모두 내

이름을 남기는 일이다. 매뉴얼이라고 해서 어렵게 생각하지 말자. 업무를 수월하게 하기 위해서 기준과 룰을 정리하는 가이드라인 또한 매뉴얼이다. 보잘것없는 간단한 것이라도 내가 만들었고, 이를 통해 직원들이 좀 더 쉽게 업무를 할 수 있다면 병원에 도움이 된 것이다.

상담 자료가 같다고 해서 결과까지 똑같진 않다. 자료를 활용하는 능력에 따라서 천차만별이 될 수 있기 때문에 자료를 만들어서 주는 것을 아까워하지 말자. 아까워한다는 것은 내 능력에 자신이 없다는 뜻과 같다. 아직 나도 부족한데 힘들게 만든 자료까지 주면 직원들이 치고 올라올까 봐 두려운 것이다.

꽁꽁 싸매지 말고, 아낌없이 나누자. 오히려 나눔으로써 좋은 의견을 보태어 업그레이드할 수 있고, 내가 만든 것이라는 이름표가 달리니 능력을 더 인정받을 수 있는 계기가 될 수 있다.

지금 일하고 있는 포지션이나 업무가 무엇이든 지금 내가 하고 있는 업무부터 한번 정리해 보자. 순서대로 나열해 보는 것만으로도 업무의 큰 흐름을 알 수 있을 것이다. 그렇게 큰 것부터 시작해서 디테일하게 정리하다 보면 하나의 매뉴얼이 완성되어 있을 것이다.

당신이 떠난 자리에 무엇을 남기고 싶은가?

모두를 위한
자기계발

"대학 다닐 때는 장학금 받아서 학비 절반을 아끼더니 지금은 무슨 공부를 한다고 돈을 쓰기만 하니? 네가 쓴 것만 천만 원이 야! 학교 졸업한 지가 언젠데."

6년차가 되던 어느 날, 엄마는 이런 말씀을 하셨다. 당시의 나는 주말이면 세미나에 참석하여 새로운 지식 쌓는 데 재미를 붙이고 있었다. 학교 다닐 때에도 공부 하나는 정말 열심히 했다. 학교 공부에는 '정답'이라는 것이 있기에 시험문제에서 정답만 잘 찾으면 장학금도 받고 교수님들께 예쁨까지 받을 수 있었다. 이보다 더 쉬운 게 있을까 싶을 정도로 공부가 재미있었다.

그런데 막상 학교를 졸업하고 사회에 나오니 나만 동떨어진 느낌이었다. 무슨 일이든 정답이란 게 있는 곳에 살다가 상황마다 달라지는 해답들 속에서 혼란스럽기만 했다. '내가 생각했던 길이 이 길이 아닌가?'라는 생각과 함께 답답하고 불안했다. 그러던 중 원장님이 전 직원에게 SIDEX라는 치과기자재 전시, 세미나 참여를 지원해 주셨다. 처음 '세미나'라는 곳을 간 것이라 모든 것이 낯설고 신기했다. 당시엔 주 6일 근무를 했었고, 세미나는 하필이면 유일하게 쉬는 일요일에 진행되었었다. 지친 심신을 단 하루 만이라도 보상받고 싶었지만 원장님은 전원 참석을 요청하셨다. 처음에는 직원들의 입장을 전혀 생각해 주지 않는 원장님이 야속하게 느껴졌다. 그러나 행사장에 입장하고부터는 오히려 원장님에게 감사한 마음이 들었다. 문자 그대로 신세계를 경험할 수 있었기 때문이다. 직원들과 전시회를 구경하며 부스를 돌아다녔다. 새로운 기구나 재료들을 구경하는 게 너무 재미있었다. 병원 일을 하면서 공부도 할 수 있다는 사실을 처음 깨달은 순간이었다.

그때부터 병원생활이 답답하고 정답이 알고 싶을 때면 관련 세미나를 찾아다녔다. 세미나는 보통 일요일에 진행되는데 주말 동안 내가 배운 것들을 월요일 업무에 곧바로 접목시키려 노력했다. 하나하나 알아 가는 기쁨이 너무 컸고 스스로도 뿌듯했다. 스몰토크를 해야 환자들과 라포를 형성할 수 있다고 해서 강의에서 알게 된 말들을 써 보려고도 노력했고, 예방을 해야 직원들을 통해서 수입을 올릴 수 있다는 말에 원장님께 의논드리기도 했었다.

그러다 어느 순간 이건 나의 정답이 아닌, 강사의 정답이라는 사실을 알았다. 강사가 일하는 병원에서는 맞는 것이지만 우리 병원에서는 맞지 않는 시스템이었던 것이다. 물론 강사가 알려준 것을 접목해서 우리 병원에 맞게 활용하면 되는 것이었지만 쉽지 않았다. 예방프로그램만 봐도 그렇다. 배울 때는 좋았지만 우리 병원에 왜 필요한지, 어떻게 진행할 것인지, 환자들에게 어떻게 전달하고 프로세스를 구축할 것인지는 전혀 생각하지 않은 채 그저 '예방프로그램 도입'에만 목표를 두고 말을 하다 보니 실현되지 않은 것이다. 당시 직원도 부족하고 너무 바쁜 상황이라 예방프로그램을 진행할 수도 없었다.

그렇게 한 차례의 실망을 하고 나서 다시 도전했던 게 보험청구사 자격증이었다. 보험청구는 산정기준이라는 정답이 정해져 있었기에 병원마다 다르지 않았다. 그저 달달 외워서 자격시험을 보면 되니까 동기유발이 확실하게 됐다. 답이 있는 걸 찾는건 내겐 가장 쉬운 일이었다. 답이 없는 공부를 하고 싶어서 시작한 세미나 탐방이었는데 다시 시작된 정답 놀이였다.

처음 치과건강보험청구사 3급을 준비할 때 친구들이 "어차피 민간자격증인데, 그거 따서 뭐하려고?"라고 말했지만 이미 내 귀에는 그 말이 들어오지 않았다. 그렇게 3급 시험에 합격한 후에 관심은 보험청구사 자격증에 더 쏠려 있었다. 승부욕이 불타올라 2급, 1급 시험에 연달아서 도전했다. 2급 시험은 필기시험 후 실기시험까지 합격해야 자격증을 취득할 수 있는데 한 달 간격으로 2회에 나눠서 시험을 치루는 필기시험, 실기시험에서 모두 수석합격을 했다. 공부하면 결과로 보이니 투자한 시간과 돈이 아깝지 않았다.

어렵기로 소문난 1급 시험은 보통 한두 번은 떨어진다기에 부담 없이 응시했다. 편안한 마음으로 시험을 보았던 덕분인지 기대하지 않았던 합격 소식을 들을 수 있었다. 2년도 되지 않은 시간 동안 목표했던 자격증을 모두 취득해서 기쁜 마음도 잠시, 병원생활은 또다시 허무하게 느껴졌다. 어릴 적 가을운동회에서 100m 달리기를 끝내고 경기장 밖에서 다른 반 친구들의 달리기를 보는 것만큼 지루하게 생각되었다.

매너리즘에 빠진 병원 생활을 세미나를 통해 바꿔 보려고 또다시 새로운 세미나에 등록했다. '이번에도 뭐 다르겠어?'라는 생각도 들었지만 지푸라기라도 잡고 싶은 심정이었기에 약간의 기대감과 함께 세미나장으로 향했다. 그리고 나는 그곳에서 인생 강의를 만나게 되었다.

다온C.S.M컴퍼니 이유리 이사님이 2주 동안 진행하는 상담자 과정이었다. 첫 수업을 듣고 '어라?' 싶었다. 지금까지 강사들의 정답을 구경하는 재미로 다녔던 세미나였는데 강사의 정답이 아닌 나만의 답을 찾을 수 있도록 유도하는 게 아닌가? 꼭 정답이 아니더라도 자신의 답을 찾기 위해 먼저 '문제'를 찾아야 한다는 사실을 알려 주고 찾아갈 수 있게 도와주는 신기한 강의었다. 지금까지는 'A상황에서는 B처럼 해야 하고, C상황에서는 D처럼 해야 한다.'는 정답을 찾아다녔다. 하지만 실전은 이론과 달랐기에 강사들의 정답을 사용할 수 없었다. 그저 내가 경험하지 못한 것들을 알게 되었다는 위안으로 텅 빈 심장을 채우기 위해 이리저리 세미나를 찾아다녔다. 하지만 그 강의는 A상황은 왜 일어나게 된 것인지 문제 상황부터 되짚어 보게 해 주었다. 문제를 명확하게 파악했으면 행동을 하는데 B처럼 해야 할 수도 있지만 C처럼 할 수도 있고, 방법은 많다는 것을 알려 주었다.

특히 B든, C든 방법이 중요한 것이 아니라 그렇게 해야 하는 이유를 명확히 알고 그에 따라 가장 최적의 방법을 찾는 것이 중요하다는 것을 처음 알게 되었다. 한 번도 반대로 생각해 본 적 없었고, A=B라는 정답만 찾아왔던 내 삶에 새로운 개념은 충격적이기도 했다.

그때부터 정답이 아닌 문제를 보는 눈을 기를 수 있는 세미나를 찾아 들었다. 좋은 방향으로 나아갈 수 있는 여러 가지 길을 안내해 주는 강의는 어떤 시간보다 알찼다. 대학 졸업 후 7년 동안 참석했던 세미나 수보다 최근 3년 동안 참석한 세미나 수가 훨씬 많다. 그렇게 10년 동안 투자한 세미나 비용만 천만 원이 넘게 되었다.

처음에는 부족한 지식을 얻기 위해 참석했던 세미나지만 사실, 나에게 필요한 건 지식이 아닌 '왜 일을 해야 하는가?', '무엇을 위해 일을 해야 하는가?'라는 질문에 대한 답을 찾는 것이었다. 아직도 그 답을 찾아가고 있지만 이전보다는 훨씬 명확해졌다.

좋은 중간관리자는 직원들의 발전을 돕고 변화시키기 위해서 스스로를 먼저 발전시켜야 한다. 이때 스킬만 늘리는 것이 아니라 안목을 키우는 것이 중요하다. 꼭 세미나가 아니어도 좋은 책을 읽거나 명상을 하는 것도 좋다. 새로운 자극과 정보는 끊임없이 '좋은 질문'을 하게 되고 '좋은 생각'을 끌어낸다.

자기개발은 앞만 보고 달리는 게임이 아니다. 정답을 찾아 달리고 있다면 잠시 멈추고 내면을 들여다 보자. 좋은 질문을 통해 내 생각과 사고를 성장시키고 문제를 바라보는 안목을 키운다면 나뿐만 아니라 직원들에게도 좋은 영향을 미칠 수 있다. 나아가 환자들에게도 긍정의 힘이 전달되어 병원을 성장시키는데 밑거름이 될 수 있을 것이다.

탁월한 리더의
남다른 피드백

　중간관리자의 경험이 부족했던 시절, '왜 직원들은 나처럼 일을 하지 않을까? 나 같은 직원 두 명만 더 있으면 좋겠다.'라고 생각한 적이 있었다. 손재주가 있었고 눈치가 있었기 때문에 저연차 때부터 일을 곧잘 했고, 진료실에서 날아다녔기 때문에 나를 따라오지 못하는 후배들을 보면 답답했다. 후배들을 성장시켜 주는 선배가 되겠다고 다짐했지만 생각보다 쉽지 않았다. 후배를 성장시켜 줄 수 있는 건 화려한 교육보다 훌륭한 피드백이라는 걸 예전에는 미처 알지 못했다.

　실장님의 잘못된 피드백으로 직원들의 벌금이 한 달 만에 십만 원이 넘게 모인 적이 있었다. A직원은 항상 5분 정도 늦게 출근했었는데 여러 번 반복되는 실장님의 주의에도 불구하고 나아지지 않았다. 보다 못한 실장님은 출근시간을 체크하는 기계를 구입해서 출퇴근 시간을 기록하게 하고, 지각비를 걷기 시작했다. 실장님은 한 번 지각하면 천 원, 두 번 지각하면 이천 원이 되는 식으로 횟수에 비례하여 벌금도 증가한다고 못박았다. 처음 일주일은 유지가 잘되는 듯했지만 오래가지는 못했다. 급기야 지각비가 너무 적은 탓이라고 생각했던 실장님은 지각비를 오천 원으로 올렸다. 직원들의 불만도 불만이었지만, 정작 이 시스템을 도입한 실장님 또한 사정상 지각을 하게 될 것 같은 날에는 지각비를 내지 않기 위해 택시를 타고 출근하기도 했었다. 일의 목적은 잊은 채 사소한 부분에만 신경 쓰게 된 것이다.

애초에 지각비는 왜 걷게 된 걸까? 직원들의 지각이 잦았기 때문이다. 그렇다면 지각은 무슨 문제를 일으키게 되는 걸까? 지각을 하면 진료 전 준비 시간이 부족하게 되고 다른 직원들이 대신 업무를 해야 하는 일이 생길 수 있다. 또, 지각한 직원은 급하게 출근해서 진료에 투입되면서 그만큼 환자 응대에 집중하지 못하게 된다. 애초에 지각하는 직원에게 지각했을 때 생기는 문제에 대해 명확하게 비판적인 피드백을 주었다면 모두가 불만족스러워하는 지각비는 생기지도 않았을 것이다.

성의 없는 칭찬 또한 성장에 도움되지 않는다. 1년차 때 임시치아 스킬을 향상하기 위해 일주일에 하나의 임시치아를 조각해야 했다. 점심시간과 퇴근 이후의 시간을 활용해 틈틈이 조각해서 팀장님께 가지고 갔더니 돌아오는 답이 힘 빠지게 했다. 팀장님은 나를 무심하게 쳐다보면서 "응. 잘했네."라는 영혼 없는 피드백을 하셨다. 당시의 나는 임시치아 경험이 없었기 때문에 팀장님의 '잘했다'는 말이 정확히 무엇을 잘했다는 의미인지 알 수 없었다. 성의 없는 피드백 때문에 무엇이 문제인지도 모른 채 계속 연습만 하니 실력이 늘지 않았다. 좋은 피드백이든 나쁜 피드백이든 구체적으로 해야 하고, 후배가 성장할 수 있도록 좋은 의도를 가지고 해야 한다. "지금까지 몇 개를 깎았는데 아직도 모양이 이것밖에 안 돼?", "이렇게 오래 걸려서 환자에게 할 수 있겠어?"라는 비난을 할 자격은 누구에게도 없다.

문제점만 지적하는 것에 그치면 그것은 잔소리이지만 해결방안과 성장 포인트를 함께 제시하면 피드백이 된다. 아직 저연차 후배들은 경험이 없기에 모르는 것이 당연하다. 알아서 잘하기를 바라지 말고 정확히 어떻게 해야 하는지 피드백을 주자. 병원이 원활하게 운영되려면 후배들이 성장할 수 있어야 하고, 그 발판을 만드는 것이 중간관리자이다.

좋은 피드백의 요소는 첫째, 잘못하는 행동을 본 즉시 하는 피드백이다. 일주일 전에 청소를 미흡하게 한 직원이 오늘도 청소를 미흡하게 하는 모습을 보고 "왜 자꾸 청소를 대충 하는 거야? 지난주에도 빼 놓고 청소하더니."라고 한다면 지난주의 상황을 당사자는 제대로 기억할 수 없다.

둘째, 날카롭지만 따뜻하게 관찰해야 한다. 누가 무엇을 못하는지, 어떤 잘못을 하는지 두고 보겠다는 생각으로 관찰한다면 모든 것이 다 문제점으로 보일 수 있다. 언니가 막냇동생 보듯이 따뜻하게 바라보자. 왜 잘못된 행동을 할 수밖에 없었는지 이해해 주고, 걸림돌이 되는 부분이 있다면 제거해 주어 다시 시도할 수 있도록 등을 토닥여 주는 것이다.

셋째, 구체적으로 해결방안을 제시해야 한다. 에둘러서 "잘 해봐." 식의 말은 결코 도움되지 않는다. 초음파 스케일링을 할 때마다 환자가 통증을 호소하며 컴플레인을 받는 직원이 있다면 "안 아프게 잘 해야지. 매일 남아서 스케일링 연습해."가 아니라, 왜 환자가 통증을 호소하는지부터 확인해야 한다. 직원의 스케일링 스킬이 부족하다면 정확히 어떤 부분이 미흡한지 피드백하고 연습할 시간과 환경을 마련해 주어야 한다. 스킬은 괜찮은데 잇몸질환이 심하거나 염증이 많은 환자들이 통증을 호소한다면 환자 응대 코칭을 해 주어야 한다. "환자에게 시작 전 잇몸에 염증이 있는 상태이기 때문에 통증이 있을 수밖에 없음을 미리 설명하고, 초음파의 강도를 평소보다 낮은 강도로 시작하면서 환자분께 강도를 확인하면서 시작해 봐. 아프게 하는 사람이 아니라 아픈 걸 나을 수 있게 도와주는 사람이라는 인식을 심어 주어야 해." 라고 말해 주는 것이다.

넷째, 피드백을 받은 직원이 제대로 이해했는지 확인해야 한다. 각자의 관점이 다르기 때문에 이해하는 부분이 다를 수 있다. 이해하지 않았음에도 알겠다고 대답만 하게 되면 피드백을 받은 직원은 똑같은 잘못을 반복할 수 있다. 피드백 후에도 정확히 이해했는지, 더 궁금한 점은 없는지 되물어서 확인하는 과정을 갖자.

"피드백이 없으면 직원들은 무능해지고 리더는 독재자가 된다."라고 하버드대학교의 한 교수는 말했다. 내가 잘한다고 해서 혼자 이리저리 뛰어다니면서 모든 업무를 다 하는 실장이 일 잘하는 실장이 아니다. 실장은 항해사가 되어서 배가 목적지까지 잘 가도록 이끌어야 한다. 선장의 지시를 잘 받들어 배에 탄 승무원들을 지휘·감독하고, 조타수나 갑판장이 제 역할을 할 수 있도록 명확한 업무와 정확한 피드백을 주어야 한다. 모든 역할을 혼자서 하려고 하면 배가 산으로 가고 배에 탄 고객은 불안에 떨게 될 것이다.

탁월한 리더가 될 것인가, 직원을 무능하게 만드는 독재자가 될 것인가?

병원의
비전과 목표

새로운 해가 밝아 오면 사람들은 새로운 목표를 세운다. 이전에는 하지 못했던 운동, 금연, 금주, 영어 공부 등 새해에 세운 목표들은 모두 이루어질 것만 같다. 나도 새해마다 다이어리 앞면에 새해 목표를 적어 놓곤 했다. 그러나 그 목표는 매년 이루지 못했고 작심삼일이 되기 일쑤였다.

꿈도 매년 비슷했다. 돈 많이 벌기, 운동 꾸준히 하기, 여행 자주 가기. 그리 어렵지 않은 꿈이기에 금방 해낼 수 있을 것만 같은데 막상 쉽게 이루어지지 않는다. '왜?'라는 게 없었기 때문이다. 왜 해야 하는지 모른 채 그저 남들 따라서 목표를 세우니 동기부여가 되지 않는다. 미뤄도 당장 손해가 없으니까 미루게 되는 것이다. 'Why'는 비전이다. 그럴듯한 목표를 세우기 전에 먼저 미래에 되고자 하는 바람직한 모습부터 그려야 한다. 그런 다음 그에 맞는 목표를 세워야 꿈은 이루어진다.

병원도 마찬가지다. 병원에 비전은 없고 월 매출, 연매출에 대한 목표만 있다면 어떨까? 병원에 내원하는 환자가 돈으로 보이고 직원들은 매출을 올려 주는 수단으로만 여겨질 수 있다. 그러나 '최상의 진료로 가장 신뢰받는 병원'이라는 비전이 있다면 이야기가 달라진다. 항상 최상의 진료를 제공하기 위해 발전하고, 신뢰받을 수 있는 병원이 되기 위한 방법들을 끊임없이 연구할 것이다. 스스로 성장하려고 하기 때문에 상상한 비전의 모습을 닮아갈 수밖에 없다.

비전의 유무가 중요한 이유는 세계적인 기업 나이키를 보면 알 수 있다. 60년대 초반, 나이키는 육상 선수에게 고품질의 신발을 공급하는 것을 목표로 설립되었다. 그 당시 비전은 "Crush Adidas"로 아디다스를 이기는 것이었다. 실제로 얼마 지나지 않아 아디다스를 누를 수 있었다. 그 후 비전을 다시 바꾸었다.

"To do the number one athletic company in the world" ("세계 제일의 스포츠 회사가 되는 것")

모두가 알고 있듯이 나이키는 멀티브랜드 마케팅 회사가 되었고 비전대로 전 세계 1위 스포츠회사가 되었다. 적기에 비전을 바꾸지 않았다면 지금까지 아디다스와 진흙탕싸움을 벌이고 있을지 모른다.

그러나 이보다 더 주목할 만한 점은 오너만 비전을 알고 있는 게 아니라 전 직원이 회사의 비전을 알 수 있도록 했다는 것이다. 비전은 직원들에게 왜 일을 해야 하는지, 어떤 존재가 되어야 하는지, 앞으로 어떻게 행동해야 하는지를 지속적으로 일깨워 주었기 때문에 단순히 운동화를 만들더라도 '육상선수가 신을 운동화'를 만드는 게 아니라 '세계 최고의 운동화'를 만들 수 있었다. 회사의 비전을 모든 직원이 알지 못했다면 한 방향으로 나아갈 수 없고 눈에 띄는 성장 또한 이룰 수 없었을 것이다.

현재 근무하는 병원, 또는 과거에 근무했던 병원을 생각해 보자. 당신의 병원에는 비전이 있는가? 있다면 그 비전에 대해 전 직원이 명확히 알고 있는가? 홈페이지 어딘가에 비전이 있긴 하지만 어느 누구도 정확히 알고 있지 못하다면 진짜 비전이 아니다. 마케팅 회사에서 예시로 알려주는 듣기 좋은 말, 있어 보이는 말을 조합해서 예쁘게 꾸며놓은 게 비전이 아니다.

월 매출 목표만 잡지 말고 이번 기회에 모든 직원들이 함께 비전을 만들어 보는 건 어떨까? 물론 병원의 오너인 원장도 함께해야 한다. 대학병원이 아닌 이상 원장이 진료와 경영을 병행하기 때문에 병원의 비전은 원장의 철학과 가치관을 바탕으로 만들어야한다. 직원들 또한 병원의 비전 안에서 본인이 5년, 10년 뒤에 어떤 모습이었으면 좋겠는지를 상상하며 의견을 제시하도록 하자. 이렇게 해서 하나로 만들어진 비전은 홈페이지에만 그럴듯하게 있는 게 아니라 병원에서 무언가 선택을 해야 할 때 비전을 기준으로 결정하게 된다. 또한 그 비전을 환자에게까지 공유한다면 병원의 진료스타일, 병원의 서비스가 다른 병원과 다르더라도 비전을 위한 행동임을 이해시킬 수 있고 우리 병원만의 특색도 갖출 수 있다.

남들 다 하는 것 말고 '우리 병원'만의 비전, '나'만의 비전을 세워서 앞으로 십 년을 일하더라도 흔들리는 않는 병원, 능력 있는 중간관리자가 되어 보는 건 어떠한가.

나는
실장입니다

　처음 실장이 된 계기는 각자 다를 것이다. 단순히 목표가 실장이었을 수도 있고, 일하다 보니 실장이 되었을 수도 있다. 혹은 실장 역할을 하기 싫은데 상황상 떠밀려서 어쩔 수 없이 실장을 하고 있을 수도 있다. 이유는 모두 다르지만 어찌 됐든 지금 우리는 실장이다. 실장이라면 조직관리와 환자관리, 병원 매출 등 병원 경영 전반에 걸쳐 신경 쓰고 책임감도 뒤따른다. 그러나 본인 스스로 실장 역할을 잘 해내고 있는지, 부족한지 판단하기란 쉽지 않은 일이다. 대다수의 원장님들은 매출과 실적으로 실장을 평가하기 마련이고, 반대로 직원들에게는 실장이 일종의 상급자이기 때문에 어떠한 평가를 내리는 게 어렵다. 이러한 구조일수록 자가진단을 해 보는 것이 좋다. 다음의 세 가지 질문들에 답해 보자.

첫째, 우리 병원의 철학과 미션, 비전을 명확히 설명할 수 있는가?

둘째, 환자관리할 시간이 충분히 확보되었는가?

셋째, 원장님과 직원들과의 커뮤니케이션은 원활한가?

질문에 선뜻 답하기가 어렵다면 질문에 담긴 뜻이 무엇인지 함께 생각해 보자. 먼저 첫 번째 질문에서 말하는 병원의 철학은 환자를 진료하고 경영하는 기본적인 사고방식이다. 원장님의 기분에 따라서, 실장의 느낌에 따라서 무언가를 선택하고 결정하지 않는 것이다. 병원의 미션은 병원의 존재 이유라고 할 수 있으며 미션을 달성하기 위해 행하는 미래의 모습을 비전이라고 할 수 있다. 철학, 미션, 비전을 설정하고 입사하는 직원에게 명확히 설명할 수 있어야 병원의 구성원들이 모여 한 방향으로 나아갈 수 있다.

실장이라면 본인의 철학, 미션, 비전에 대해서도 생각해 보길 바란다. 병원에 맞춰가는 게 아닌 본인의 철학과 맞는 병원을 찾았을 때 시너지효과를 발휘하며 빠르게 성장할 수 있다. 병원의 철학이 분명히 전달될 수 있을 때 환자를 납득시킬 수 있고, 그 후에는 로열티를 지불하면서도 병원을 방문하게 된다.

두 번째 질문도 매우 중요하다. 환자관리는 실장의 업무 중 가장 큰 일이다. 실장이 환자관리에 충분한 시간을 할애하지 못한다면, 그만큼 직원들의 일까지 대신하고 있다는 의미이다. 이때 업무 분장만 제대로 해도 시간 확보가 가능하다. 중간관리자가 하지 않아도 되는 일은 직원들에게 나누어 주자. 직원은 자신이 할 수 있는 일에 자부심을 갖고 더 열심히 일하게 되고, 실장은 그 시간에 환자관리를 할 수 있으니 윈윈인 셈이다.

실장이 모든 업무를 끌어안고 있으면 정작 중요한 환자관리를 못한 채 작은 일에만 매달리게 된다. 고장난 장비 수리에 매여 있거나, 점심식사를 주문하거나, 병원환경 미화를 위한 소품을 고르는 등 눈앞에 보이는 일을 하는 것이다. 혹은 접수, 수납, 예약, 보험청구 같이 당장 하지 않으면 병원이 운영되지 않을 것 같고, 일을 처리하면 당장 성과를 볼 수 있는 일들에 매여 핑계를 대기도 한다. 물론 그 순간은 그 일이 큰일일 수 있다. 환자 접수도 빨리해야 진료가 원활히 돌아가니 당연히 해야 한다.

하지만 궁극적으로 병원을 이끌어 나갈 수 있는 주된 업무는 바로 환자관리이다. 환자가 와야 접수도 하고 수납도 하고 예약도 할 수 있다. '환자가 우리 병원에 만족하고 계속해서 올 수 있도록 하기 위해서는 어떻게 해야 할까?'를 생각하고 환자가 만족할 수 있는 환경을 만들어 주어야 한다. 그러기 위해서는 시간을 확보해야 하고, 시간을 확보하기 위해서는 명확한 업무 분장이 이루어져야 한다.

현재 환자관리를 못하고 있다면 다음을 따라 해 보자. 짧게는 일주일, 길게는 1년 동안 매일 출근해서 하는 일을 시간대별로 적어 보자. 그러면 매일 하는 일, 일주일에 한 번씩 하는 일들이 보이게 되고, 한 달에 한 번, 분기별로 한 번, 연간에 한 번씩 하는 일들까지 정리된다. 그중에서 꼭 실장이 하지 않아도 되는 업무는 직원들에게 위임하자. 그러면 환자를 관리할 수 있는 시간을 확보할 수 있게 된다. 또, 업무를 정리하다 보면 직원과 실장의 업무 체크리스트까지 만들 수 있으니 업무가 잘 진행되고 있는지 확인도 할 수 있어 일석이조다.

세 번째 질문에서 아마 머뭇거렸을 것이다. 커뮤니케이션이 원활한 것 같으면서도 막히는 것 같고, 명확히 대답하기 어려운 부분도 있을 것이다. 그렇다면 대화 후 어떤 기분과 감정이었는지 생각해 보자. 어느 한쪽이라도 대화 후 기분이 좋지 않다면 올바른 대화를 하고 있지 않은 것이다.

원장과 직원들과의 커뮤니케이션에서 서로 오해하고 어느 한쪽에 치우쳐서 감정적으로 대응한다면 하나의 조직이 될 수 없다. 올바른 의사소통으로 직원들을 의욕적으로 진료나 병원 발전에 참여할 수 있도록 동기를 부여하자. 명령어조의 의사소통이 아닌, 사람으로서 존중하고 그들이 할 수 있는 업무역량을 끌어올려 줄 때 병원은 스스로 돌아가게 된다. 원장님과의 대화에서도 마찬가지다. 원장님의 경영을 지지하지만 필요하다면 조언도 할 수 있어야 한다. 이때 '내가 가르쳐 줄게'의 태도는 곤란하다. 함께 가는 파트너로서, 병원의 오너로서 존중을 해 주면서 좋은 방향으로 갈 수 있도록 해야 한다. 원장과 중간관리자, 직원이 서로 응원하고 지지하는 문화는 의사소통에서 시작된다.

실장의 자리에서 병원을 위해 데스크업무를 잘하고 상담을 열정적으로 하는 것도 중요하지만 궁극적인 병원의 성장과 브랜딩에 먼저 초점을 맞추자. 병원이 성장하기 위해서는 환자가 만족해야 하고, 환자가 만족하기 위해서는 직원이 만족해야 한다. 직원이 만족하기 위해서는 병원의 철학과 비전을 공유하고 함께 목표를 설정해서 나아가야 한다. 이제 더 이상 혼자 세운 목표를 직원들에게 강요하지 말자. 잘되지 않으면 무엇이 안 되는지 객관적인 시선으로 관찰하고 시스템으로 해결하도록 하자.

'잔소리꾼'이 아닌 '성장을 함께하는 실장'으로 자리매김하는 것은 멀리 있지 않다. LTE보다 빠르게 발전하는 세상의 혼란 속에서 오늘도 병원의 중간관리자 '실장'으로 병원의 구성원들의 성장을 돕는 당신을 응원한다.

부록

문진표 작성

"안녕하세요. 여기에 인적사항 적어 주시고 잠시만 기다려 주세요."

환자가 내원했을 때 어떻게 응대하는가? 눈도 마주치지 않은 채 기계적으로 인사하지는 않는가? 잘못을 지적하려고 하는 게 아니다. 먼저 온 환자들을 응대하고 있으니 뒤에 온 환자가 기다려야 하는 건 당연한 일이다. 직원들 역시 그 시간에 문진표를 작성해 두면 접수 시간을 단축시킬 수 있으니 분명 환자를 위한 과정이라고 할 수도 있다.

그러나 형식적인 응대를 받은 환자의 기분은 어떨까? 썩 유쾌하지만은 않을 테다. 누군가는 '꼼꼼히 잘 봐주시겠지.' 하는 기대감으로, 또 다른 누군가는 '처음 방문하는 곳인 만큼 나에게 친절한 곳이면 좋겠다.'는 마음으로 찾아왔을 것이다. 그런데 병원의 첫인상과도 같은 데스크 직원이 환자를 해치워야 하는 과제 대하듯 상대해 버리면 환자는 실망감을 느끼게 된다. 치과에 대한 기대감이 낮아지는 것은 말할 필요도 없다.

5~6년 전의 내가 딱 이랬다. 지금 당장 진료를 끝내고 나온 환자의 보험 청구 마무리와, 기공물의 도착 예정 시간을 확인으로 바빴던 것이다. 개인적인 업무 순서대로 환자를 응대하느라 첫 인사부터 환자의 니즈조차 파악하려 하지 않았다.

"오늘 무슨 기분 안 좋은 일 있으세요? 사람이 와도 보지도 않고 왜 그렇게 말을 해요!"

그런 내 행동이 못마땅했는지 환자 한분이 소리 질렀다. 당시에는 대기하고 있는 환자들도 많았고, 나의 행동이 크게 잘못되었다는 인식이 없어 당황스럽기만 했었다. 별다른 사과의 말도 하지 못한 채 유야무야 지나가고, 퇴근하면서 다시 곰곰이 생각해 보니 그 환자가 이상한 게 아니었다. 온전히 나의 잘못이었다. 데스크에서 접수, 응대, 수납, 예약 등의 업무를 하고 있는 실장이었기 때문에 환자분들과의 첫 대면을 더욱 매끄럽게 해야 했다. 그런데 나는 환자들이 나에게 맞춰 주기만을 기대했던 것이다.

그날 이후로 응대 순서에 변화를 주었다. 먼저 온 환자를 응대하고 있는 상황이라면, 해당 환자 응대를 끝낸 다음 안내해 드리겠다고 정중히 설명하였다. 응대가 다 끝나면 나를 기다리고 있을 환자가 앉아 있는 곳으로 가서 어디가 어떻게 불편한지를 물었다. 그다음 원장님 진료를 위한 접수를 도와드리겠다고 안내한 후 문진표 작성을 도와드렸다. 방법을 바꾸면 환자 한 분당 접수시간이 길어질 것이라고 생각했지만 접수방법과 함께 수정한 '이것' 때문에 전혀 그렇지 않았다.

바로 문진표양식이다. 문진표라는 건 환자의 개인 인적사항만을 기재하는 게 아니다. 치과에서 진료 시에 필요한 환자의 정보와 개인정보이용에 대한 동의여부까지를 확인하는 양식이다. 그래서 치과마다 문진표 양식이 다를 수 있다. 업체에서 주는 샘플에서 질문의 배치나 색상 정도는 선택하지만, 원의 콘셉트와 환자 특성을 고려해서 병원만의 질문을 추가해야 한다.

요즘은 치아보험에 가입된 환자가 많다. 그로 인해 문진표의 질문 가운데 사보험 가입 여부를 확인하는 항목을 추가한 치과들이 증가하고 있다. 그러나 중요한 건 사보험 가입 여부가 아니다. 가입시기를 확인하여 진료받는 시점이 면책기간이나 감액기간에 포함되지는 않는지 파악하여야 하고, 이것을 환자 또한 알고 있는지 체크하는 게 중요하다.

만약 턱관절과 턱근육 관련 치료가 필요한 환자들의 내원이 급증할 경우, 문진표에서 이갈이나 이 악물기 습관 여부를 미리 확인하는 방법도 추천한다. 외과진료를 많이 하는 치과라면 문진표 작성단계에서 혈압 여부와 함께 직접 혈압을 체크하는 시스템을 구축하는 것도 좋다. 고혈압환자가 아스피린이나 혈전용해제를 복용하는 것만을 확인하는 게 아니다. 치료에 대한 공포감으로 평소에 혈압이 잘 조절되는 사람도 진료 전에 고혈압 증세를 보이는 경우도 있다. 평소 고혈압환자의 마취나 치료 도중에 혈압이 극심하게 올라가면 지혈에 문제될 수도 있고 심하게는 뇌출혈, 심근경색까지 상황이 발생할 수 있으므로 유의해야 한다.

요즘 치과에서도 많이 시행하고 있는 수면치료 역시 마찬가지이다. 고혈압이 조절되지 않으면 진행할 수 없고 문진단계에서 평소 수면제 복용을 하는지도 확인해야 한다. 수면치료만을 위해 병원을 찾아온 환자라면 본인이 수면치료가 가능한지 사전에 확인해서 오는 경우도 있지만, 기존의 일반 환자가 치료기간 중 외과진료에 대해서는 공포감으로 두려움이 있다면 병원 측에서 먼저 권유하는 경우도 있다. 이때 평소 수면제를 복용하고 있는 환자이거나 혈압조절이 안 되는 환자라면 병원 측의 권유가 무색하게 수면치료가 힘들 수도 있다. 이것은 자칫 실력과 신뢰로도 이어질 수 있다. 병원 측에서 권유한 치료 방법이 특정 환자에게는 힘들 수도 있기 때문에 치료를 권할 때는 주의를 기울여야 한다.

이처럼 문진표 작성은 단순히 환자의 인적사항을 받아서 접수하는 기본적인 단계만은 아니다. 성공적인 진료를 위해서는 문진표 작성하는 접수단계가 굉장히 중요하다. 그러기 위해서는 병원의 첫 인상인 데스크 직원들의 응대를 다시 한 번 되돌아보고 병원의 시스템을 확인해서 문진표의 질문들을 어떻게 갖추어야 효율적일지 생각해 보자. 문진표의 질문양식으로 환자의 많은 정보를 캐치해 낼 수 있으면서, 동시에 남은 에너지로 환자의 감성을 어루만져 줄 수 있다면 그야말로 자타공인 유능한 실장이 될 수 있을 것이다.

C.C 작성과 환자응대

A : 앞에서 제가 그렇게 말하긴 했는데, 사랑니 아픈 것보다 다른 쪽 어금니에 충치가 있는 것 같기도 해서요.

B : 네? 저는 오른쪽 아래가 아픈 게 아니라 위에가 아픈데요?

위 두 사람의 말을 이해할 수 있겠는가?

원장은 데스크에서 작성한 환자의 C.C를 보고 확인하였으나 1번 환자는 데스크에서 나눈 대화 외에 추가로 불편한 부위가 있었고, 2번 환자는 전혀 다른 부위가 불편하다고 하는 것이다.

왜 이런 일이 벌어질까? 데스크에서 바쁘다는 이유로 환자에게 충분히 시간을 할애하지 않았기 때문이다. Chief Complaint(주호소) 는 환자가 말한 그대로를 기록하는 것이나, 한 번 더 되묻거나 추가 적인 질문을 하지 않았기 때문에 정작 환자가 가장 불편해 하는 부 위는 확인하지 못한 채 잘못된 부위를 기록한 것이다.

치과에 근무하다 보면 환자가 본인의 증상과, 불편한 부위를 잘 알고 있을 것이라 생각하기 쉽다. 그러나 대다수의 환자들은 자신 의 증세를 정확히 알지 못하며, 긴장된 상태로 내원하기 때문에 구 체적인 증세를 말하기가 쉽지 않다. 환자의 긴장은 환자관리를 주 업무로 하는 실장과, 접수를 주 업무로 하는 데스크 직원이 풀어 줄 수 있다. 환자를 관찰하고 질문을 함으로써 스스로 말하게끔 하는 것이다.

"사랑니가 아파요."라고 하는 환자에게는 "어느 쪽 사랑니가 불편하세요? 언제부터 아프셨어요? 점점 그 통증이 심해지나요? 어떻게 할 때 통증이 느껴지세요? 씹을 때 아픈가요? 가만히 있어도 아파요? 예전에도 이렇게 아프셨던 적이 있으신가요? 혹시 통증 때문에 따로 약을 복용한 게 있으세요? 사랑니 말고 다른 부위 불편한 것도 있으신가요?" 정말 많은 질문을 할 수 있다. 이렇게 질문과 답을 반복하다 보면 환자는 본인에게 좀 더 집중하면서 증상을 자세히 이야기할 수 있고 긴장감이 풀리면서 좀 더 다른 질문으로 옮겨가기가 쉽다.

"예전에 다른 쪽 사랑니도 발치를 해보신 적이 있으세요? 그때 치료할 때 어떠셨어요? 불편한 건 없으셨어요?"

주 호소 증상에서 좀 더 깊게 환자의 이전 치료 경험을 확인하면서 환자가 가지고 있는 방해요인을 미리 확인하는 질문이다. 모든 환자에게 C.C 확인 후 원장님 진단하고 진단내용 대로 대본을 읽듯이 상담을 한다면 일 잘하는 직원이 왜 필요하겠는가? 환자가 직접 키오스크로 접수하고 원장님이 진단 후 상담동영상을 틀어 주는 게 더 경제적일 것이다. 경험이 있고 센스 있게 일 잘하는 사람이 그 병원에서 실장을 하는 이유는 이것 때문이다. 각 환자마다 그에 맞는 응대를 하고 상담으로 이어서 클로징까지 맺기 때문에 환자가 우리 병원에서 좋은 기억을 갖게 하는 것 말이다. 그러기 위해선 단순히 C.C 작성만으로 끝나는 게 아니라 환자를 파악하기 위해 애써야 한다.

게다가 데스크에서만 C.C를 잘 작성한다고 끝나는 일이 아니다.

코멘트까지 작성된 C.C는 진료실에서 불편 부위, 불편 정도, 시기 등을 한 번 더 확인해서 엉뚱한 치아를 치료해서 의료사고가 발생되지 않게 해야 한다. C.C를 처음 기록하는 건 데스크 직원의 업무이지만 원장님이 최종 확인하고 진료할 수 있도록 진료실 직원들도 함께 해야 한다.

C.C로 인해 바로 진료계획이 세워지면 다행이지만 증상이 미미하거나 정확한 부위를 찾지 못 했을 경우에는 좀 더 지켜보는 경우가 있다. 이때에도 C.C를 확인했다는 기록이 있어야만 그 당시 진료를 돕지 않은 직원들도 내용을 알 수 있다. 게다가 전문가가 아닌 환자는 진료실에서 원장님의 설명을 듣고 나왔는 데도 제대로 이해하지 못해 데스크에서 다시 묻는 경우가 있다. 이때 기록이 되어 있지 않으면 확인하기 위해 데스크 직원은 자리를 비우고 진료실에 다시 들어가야 한다. 환자 입장에서는 데스크 직원들은 진료에 대해 잘 모르는 사람이라고 생각하기 딱 좋다.

C.C를 포함한 모든 진료기록은 의료를 행하는 의료기관에서는 너무나도 당연한 것이지만 의료를 뛰어넘어 환자관리를 할 수 있는 기록이 된다. 지난번 내원에서의 C.C를 묻고 스몰토크로 이어가며 진료에 대한 긴장도 풀 수 있게 해 주는 건 직원 각 개인의 능력이 아니라 기록이고, 그 기록을 잘 활용할 수 있도록 하는 시스템이다.

Q1. 현재 가장 불편한 곳과 증상 및 궁금한 점을 자세히 적어주세요.
( )

Q2. OO치과는 예방과 교육 그리고 현재 질환을 치료하는 포괄적인 '종합관리체계'를 지향하고 있습니다. 귀하는 어떻게 치료받기를 원합니까?
-전체적인 상담 후에 나쁜 곳은 전부 치료 받고 싶다
-전체적인 치료는 받지 않더라도 종합적 검진은 받고 싶다
-급한 곳만 치료 받고 싶다

Q3. 현재 전신 질환 또는 복용중인 약이 있으신가요?

□ 저/고혈압(/ mmHg)	□ 고지혈증	□ 위장장애	□ 류마티스 관절염
□ 당뇨 (당화혈색소:)	□ 류마티스 관절염	□ 갑상선(저하/항진)	□ 축농증/비염
□ 골다공증 (약이름 : /복용기간:)	□ 턱관절 장애	□ 간염 (A형/B형/C형)	□ 대상포진 (완치/진행중)
□ 신장질환 (삽입술, 투석)	□ 심장질환	□ 임신(개월)	□ 모유수유 중
□ 암/뇌졸중 수술, 진행 중 여부( )		□ 정신질환	□ 결핵
□ 약 알러지 (약이름:)		□ 기타 ( )	

Q4. 저희 치과를 어떻게 알고 오셨습니까?
-집이 가까워서   -회사가 가까워서   -간판을 보고   -인터넷 검색(검색어:) -소개(소개자:)

Q5. 이전에 받은 치과치료로 인해 어떤 불편을 느낀 적이 있습니까?
-없었어요.   -마취가 잘 안돼요.   -약에 부작용이 있어요
-지혈이 잘 안돼요   -무서워어요   -많이 아팠어요

Q6. 마지막 치과 방문 또는 치료를 받은 지 얼마나 되셨습니까?
- _____개월 / 년 전 (치료내용 : _____)
- 치료 받은 적 없음

Q7. 치아보험에 가입되어 있나요?   -아니요   -예 (가입시기 : _____ 보험명 : _____)

Q8. 치과치료가 겁이 나십니까? -아니요   -약간   -매우   -수면치료 원함

❖ 개인정보 활용동의

개인정보의 수집 및 이용목적	성명, 주민번호, 연락처, 주소 : 병원업무와 의학정보 안내 등 서비스 이용안내 진료실 내 영상정보처리기기 촬영확인 : 화재, 도난방지 및 분쟁소지 시 자료확보 등
개인정보의 보유 및 이용기간	OO치과는 수집된 고객의 개인정보를 마지막 진료 내원기준으로 5년인 법정기간동안만 보유하며 그 이후는 DB에서 삭제하고 있습니다. -정보제공자가 개인정보 삭제를 요청할 경우 즉시 삭제합니다. 단, 타 법령의 규정에 의해 보유하도록 한 기간 동안은 보관할 수 있습니다. -소비자의 불만 또는 분쟁처리에 관한 기록 : 3년(전자상거래 등에서의 소비자보호에 관한 법률) -신용정보의 수집/처리 및 이용 등에 관한 기록 : 3년(신용정보의 이용 및 보호에 관한 법률) -본인 확인에 관한 기록 : 6개월 (정보통신망 이용촉진 및 정보보호 등에 관한 법률)
개인정보 제공 동의 거부권리 및 동의 거부에 따른 불이익 내용 또는 제한사항	귀하는 개인정보 제공 동의를 거부할 권리가 있으며, 동의 거부에 따른 불이익은 없습니다. 다만, 진료관련 안내 서비스를 받을 수 없습니다.

20   년   월   일   서명_____(인)

그림 1. 문진표양식 예시

예약률 높이는 환자 상담법

상담자에게 가장 아쉬운 순간은 언제일까? 아마 환자에게 해 준 상담이 진료로 이어지지 않는 순간일 것이다. 근무하는 병원에 자부심 넘치는 상담자라면 '우리 병원에서 진료한다면 좋은 결과로 이어질 텐데 왜 진료를 하지 않을까?'라는 생각을 할 수 있다. 이럴 때 상담해피콜을 함으로써 환자의 마음을 돌릴 수도 있고, 나의 상담에 대한 피드백을 받게 되기도 한다.

오해하지 말아야 할 것은 상담해피콜이 모든 것을 해결해 주지는 않는다는 점이다. 전화 한 통으로 환자의 마음이 손쉽게 바뀔 거였다면 애초에 전화를 걸 일도 없었을 것이다. 중요한 건 '왜' 하지 않는지를 파악하는 일이다. 재통화를 하면서 환자가 치료를 머뭇거렸던 이유를 찾아야 한다. 상담자는 병원과 환자의 중간에서 환자의 치료 결정을 방해하는 요인을 찾고, 해결 방법을 찾아 다음번에는 우리 병원에서 치료하게끔 유도해야 한다. 한 가지 팁을 주자면 앞서 언급한 '왜'에 해당하는 가장 큰 항목은 비용과 시간이다. 그렇다면 최대 방해요인으로 꼽히는 비용과 시간은 어떻게 차단할 수 있을까?

첫 번째, 진료는 원하지만 한 번에 큰 비용 결제가 부담스러운 환자에게는 분납설계를 추천해 보자. 다만, 이 방법의 경우 원장님 의견이 중요하다. 수납기간이 장기화되는 것을 싫어하는 원장님이라면 분납설계가 불가능해질 수도 있다. 분납설계에 긍정적인 원장님이라면 분납설계를 진행하기 전 환자가 한 달에 결제할 수 있는 최대 금액, 치료계획 순서, 총 기간 등을 확인해야 한다. 분납할 때 가장 조심해야 하는 건 미수납이 되지 않도록 하는 일이다. 환자의 편의를 봐 주기 위해 100만 원의 돈만 받은 상태에서 500만 원 이상의 치료를 진행했는데 환자가 내원하지 않는다면? 상상만 해도 아찔하다.

이해를 돕기 위해 준비한 샘플을 보면서 자신이라면 어떻게 분납설계를 할 것인지 생각해 보자.

---

sample

1. 환자가 매달 결제할 수 있는 최대 금액 : 60만 원
2. 환자의 치료계획 : #17, 47 임플란트＋뼈이식 - 260만 원
   #16 크라운 - 50만 원
   #26, 27 레진 - 20만 원
   #스케일링＋치주치료(큐렛) - 보험 본인부담금

보통 치료 순서는 환자가 원하는 치료부터 진행하기도 하고, 원장님의 진료 스타일에 따라 달라질 수도 있다. 반드시 선행되어야 하는 진료가 있을 경우, 우선적으로 진행하기도 한다. 어디에 우선순위를 두느냐에 따라 조금씩 달라지는 것이다. 전체 치료의 최소 기간을 우선순위로 둔다면 임플란트 식립을 먼저 하는 게 맞지만 한 달에 분납 가능한 금액이 60만 원일 때 임플란트부터 식립하게 되면 진료한 것보다 적은 수납을 받게 된다.

나의 경우 이렇게 치료계획을 세운다. 이건 순전히 내 경우이므

로 참고만 하길 바란다.

1. 1개월차 : 외과적인 수술 전 구강환경을 청결하게 하기 위해 치주치료를 먼저 계획한다.
2. 2개월차: 그 다음 달에 상악 임플란트 식립을 한다.
3. 3개월차: 한 달 뒤 하악 임플란트를 식립한다.
4. 4개월차: 임플란트는 식립 후 치조골과 유착되는 시기를 기다려야 하기 때문에 이후에 나머지 치료를 진행한다. 임플란트 식립 후 한 달쯤 지나면 보철은 없지만 임플란트 식립한 주변 잇몸은 힐링이 다 되어서 식사를 할 때에도 크게 불편한 점이 없어진다. 그때 반대편 레진을 진행한다.
5. 4개월차: 첫 달에 진행한 치주진료 후 3개월이 흐른 시점으로 치주체크를 같이 하고 부족한 부분이 있으면 추가 상담 후에 치주치료를 다시 진행한다.
6. 5개월차: 임플란트 보철 올라갈 준비를 하면서 자연치의 크라운 준비도 같이 진행한다. #16 치아가 신경치료가 들어갈 수도 있으니 지대치를 형성해 주고 난 후에 임시치아 상태로 증상도 확인해 보는 것이다.
7. 6개월차 : 최종적으로는 6개월째에 #17, 47 임플란트 보철과 #16 지대치의 보철을 위한 인상을 채득하고 장착해 주는 것으로 분납을 설계하고 매달 내원 시마다 60만 원씩 분납을 받는다.

이렇게 치료에 방해되지 않으면서 치료가 늘어지지 않게 순서만 조금 바꿔 주면 환자가 수납 가능한 금액에 충분히 맞출 수 있다. 무조건 수납할 금액을 쪼개는 것이 아니라 그 환자의 전체 진료를 머릿속으로 시뮬레이션하며 계획해야 한다.

설계를 잘 했다면 모든 직원들이 진료순서를 참고할 수 있도록 기록하고 환자에게도 분납설계에 대한 서류에 동의 사인을 꼭 받아 놓도록 하자. 구두상의 계약은 어떠한 경우에도 효력이 없으며, 기억보다는 기록에 의지하는 게 안전하다. 원장님도 안심하실 수 있으며 환자가 직접 서명한 서류는 추후에 논란을 줄여 줄 수도 있다.

두 번째, 치과특성상 한 번의 진료로 치료가 끝나지 않기 때문에 시간 요인을 잘 설계해야 한다. 환자가 얼마나 자주 내원할 수 있는지, 내원할 수 있는 시간대와 시간적 여유는 어느 정도 있는지를 우선적으로 파악하자. 병원의 시간에만 환자가 맞춰서 내원하는 게 아닌 서로 원활한 진료가 될 수 있도록 조율하는 단계이다.

데스크에서 근무할 때, 예약 잡는 일이 큰 스트레스라고 말했던 환자가 있었다. 직장인의 경우 갑작스런 야근이나 미팅 등 변수가 많다. 그런데 1~2주간의 모든 일정을 파악하여 예약을 진행해야 하니 혹시라도 치과일정을 맞추지 못할까봐 시간적 압박을 많이 받는다는 것이다. 충분히 이해가 되고 공감되었다. 치과 정기검진이야 일 년에 한두 번이고, 소요되는 시간도 길어야 한 시간이지만 본격적인 진료를 받아야 할 때는 일주일에 한 번, 많게는 두 번씩 몇 달간 내원해야 한다. 그러니 평상시 루틴이 깨질 수밖에 없고, 치료도 힘든데 새로운 생활패턴에까지 적응해야 하니 여간 힘든 일이 아닐 것이다.

환자의 고충을 상담자나 실장이 알아봐 주고, 협조해 주심에 감사하다는 표현을 하는 것도 정말 좋다. 본격 진료에 앞서 앞으로 몇 번 정도를 내원하게 될지, 내원할 때마다 소요시간은 얼마나 되는지 등을 미리 안내해 준다면 환자에게도 많은 도움이 될 것이다.

만약 시간적인 제약으로 인해 늦은 오후에만 내원이 가능한 환자라면, 매주 한 번씩은 야간진료를 받을 수 있도록 배려해 주는 것도 좋다. 매번 야간진료를 받을 수 있게끔 도와드리면 좋지만, 야간진료가 필요한 또 다른 환자들을 생각하지 않을 수 없기 때문이다. 아이들 때문에 여러 번 내원하기 힘든 부모가 있다면 병원의 예약이 여유로운 날짜에 두세 시간 정도의 긴 예약을 잡아 가능한 많은 진료를 볼 수 있게 하는 방법도 있다.

상담실을 비용만 설명하는 장소로 사용하는 게 아니라 이렇게 시간적인 방해요인을 제거해 주어 환자들이 진료를 받을 수 있게 조율해 주는 장소로도 사용해 보자. 부담되는 장소가 아닌 환자들에게도 편안한 장소로 만드는 또한 상담자의 역할이다.

서류 발급

치아보험가입 건수가 2019년 6월 기준으로 444만 건이라고 한다. 그도 그럴 것이 우리 병원만 해도 최근 내원하는 대다수의 환자들이 치아보험에 가입되어 있다. 보존, 보철 치료나 임플란트, 틀니 치료는 비급여 항목이기 때문에 많은 비용이 드는 치료 시 부담감을 덜고자 함이다. 많게는 세네 개의 보험 상품에 가입한 환자들도 있다. 치과에서 이런 환자들을 위해 해줄 수 있는 건 정확하고 신속한 서류발급이다.

보험 보장을 위해서는 서류가 필요하다. 그런데 개인정보 보호가 강화되면서 본인 외에는 서류 발급이 불가능하고, 이메일이나 팩스 역시 마찬가지다. 가능하면 환자가 내원하는 진료 마지막 날에 서류를 같이 내어 주는 방법을 활용하는 게 좋다. 그렇지 않으면 서류 발급을 위해서 환자가 반차를 내고 치과에 다시 와야 하는 번거로움도 생길 수 있다.

그럼 어떻게 하면 번거로움을 줄일 수 있을까? 보험회사마다 진료를 확인하는 서류양식이 다르고 치료받은 내용에 따라서 서류 종류가 달라지기도 한다. 환자도 서류 때문에 여러 번 병원에 내원해야 하는 번거로움을 줄이고 병원에서도 서류발급 때문에 진료에 방해가 되면 안 된다. 그렇기 때문에 '서류발급요청서'를 사용해 보자. 데스크 책상 위에만 제증명수수료비용을 표로 만들어서 붙여만 놓는다고 환자들이 인식하지 않는다. 우리 병원에 익숙한 직원들만

그림 2. 서류발급 요청서 예시

이 환자에게 정보를 제공하고 있다고 생각하지만 환자의 입장에서
는 찾지 않으면 볼 수 없는 정보이기 때문이다. 초진에 접수 시 민
간보험가입 여부를 확인하면서 치료 완료 전에 필요한 서류를 발급
받을 수 있도록 '서류발급요청서'를 미리 안내하는 것이다. 보험증
권이나 약관을 따로 보관하고 있지 않은 상태에서 치료 중 어떤 항
목을 얼마나 보장받을 수 있는지 전화로 확인하면서 보장을 위해
어떤 서류가 필요한지도 같이 확인하는 것이다. 치료가 끝나기 전
에 이렇게 서류를 확인하고 미리 요청하게 되면 최종으로 치료가
끝나는 날까지 병원에서는 진료에 방해가 되지 않을 때 서류를 미
리 준비할 수가 있다. 서류발급요청서에 제증명수수료도 같이 안내

되어 있기 때문에 서류를 발급하면서 수수료비용 때문에 서로 언짢아질 일 또한 줄일 수 있다.

개인적으로 '서류발급요청서'를 사용해 보았던 건 맹장수술을 했을 때다. 맹장수술 후 발생한 입원 및 통원치료에 대한 비용을 실비로 청구하기 위해 서류발급을 요청했었다. 인적사항과 함께 어떤 서류가 필요한지 체크해서 서류발급 창구에 제출하니 10여 분쯤 뒤에 필요했던 서류를 받을 수 있었다. 물론 입원치료까지 하는 병원에서는 원무과가 따로 있기 때문에 10분 만에 서류발급이 가능하다. 그러나 치과사보험의 특성상 원장이 직접 작성해야 하는 서류들이 있기 때문에 이를 치과에 곧바로 적용시킬 수는 없다. 치과는 일회성 진료가 아닌 여러 번의 통원 치료로 이루어진다. 이러한 특성을 고려하여 환자가 치료를 시작할 때 보험서류가 필요하다는 사실을 안내해 주면 좋다. 의사도 진료에 방해받지 않는 선에서 미리 작성해 놓을 수 있어 보다 효율적인 업무 처리가 가능해진다. 환자가 직접 필요한 서류를 표시해서 요청하기 때문에 잘못된 서류를 발급할 일이 없을 뿐더러 그로 인한 컴플레인도 방지할 수 있으니 양식을 참고해서 데스크에서 사용해 보길 바란다.

데스크 콜과 사후관리

　주 업무 포지션이 데스크라면 콜과는 떼려야 뗄 수 없는 사이다. 하루에도 수십 통의 전화를 받고, 또 전화를 걸게 된다. 그 중에 받아야 하는 콜은 예약에 관한 접수·변경·취소 전화와 누구라도 받기 힘든 클레임 전화가 있다.

　예약에 관한 전화는 환자가 원하는 바를 정확히 듣고 실행하기만 하면 큰 문제가 없다. 그럼에도 어려운 이유는 이미 예약이 마감된 시간대에 예약을 원하거나 예정된 치료를 무작정 취소해 버리는 경우도 발생하기 때문이다. 환자가 원하는 시간대에 예약을 잡아줄 수 없으니 무조건 다른 날에 오라고 응대하는 건 좋은 방법은 아니다.

　병원에 처음 내원하는 신환이라면 환자에게 현 예약상황을 설명한 뒤 진단 및 상담 정도로만 예약을 잡는다. 그 후 치료예약은 다시 조율한다면 '한 번도 방문한 적 없는 병원에 일방적으로 맞춰 주고 있다.'라는 인식이 들지 않게 할 수 있다. 기존의 환자가 치료예약을 원하는 경우에는 해당 진료의 소요시간에 따라 응대를 다르게 하자. 예약한 정시에 진료개시가 힘들 수 있다는 안내와 함께 예약을 잡아 주거나 도저히 대기를 하더라도 진료가 힘든 진료라면 이후에 내원이 가능한 날을 다시 물어 예약을 도와주는 것이다. '무조건 안 된다.'고 하는 것보다 예약제로 운영하고 있음을 간접적으로 설명할 수 있으며 예약을 변경한다면 원하는 타임에 진료를 받지 못할 수 있다는 것도 안내할 수 있는 적기이다.

기약 없는 예약 취소전화는 정말 예약만 취소하고 전화를 끊으면 안 된다. 가장 먼저 어떤 것 때문에 예약을 취소하는지 확인을 해야 한다. 단순히 다른 일정 때문일 수도 있지만 우리치과에서 치료를 진행할 수 없는 방해요인이 발생되었을 수도 있다. 예약까지 잡은 후에 변심하는 건 한 명의 환자만 문제가 되는 게 아니라 이후 다른 환자들에게도 발생될 수 있기 때문에 꼭 확인해야 한다. 다른 일정으로 급히 치료예약을 취소한다면 언제쯤 다시 치료일정을 잡는 게 가능한지 확인해야 한다. 치료를 받는 중간이든, 아직 시간을 정하지 않은 상태이든 한 번 예약을 취소하게 되면 장기적으로 내원하지 않을 가능성이 크다. 한두 번의 치료로 통증이 없어졌기 때문에 우선순위가 밀렸거나 치과치료 자체를 아예 나중으로 연기한다는 의미로 해석할 수 있다. 그렇기 때문에 다시 일정을 계획할 수 있을 시기를 묻고 그 시기까지 예약전화가 없으면 치과에서 연락을 드리겠다고 안내하자. 이렇게 여지를 남겨 놔야 다시 연락을 하기가 쉽고 잠시 중단했던 치료도 이어서 받을 수 있다.

이 모든 예약에 관한 콜은 각 진료의 소요시간이 정해져 있을 때 응대가 가능하다. Crown prep. 진료가 30분이 걸리는지, 한 시간이 걸리는지 누구도 모르는 상황에서 어떻게 예약을 하고 변경하는 업무를 할 수 있겠는가.

그렇기 때문에 시스템이 전혀 없는 병원에서는 예약·접수 단계나 진료단계, 데스크에서의 수납단계에서도 클레임이 발생하기 쉽다. 상황마다 응대자의 개인 능력에 따라 중구난방의 의료서비스를 받기 때문인 건데, 이때 클레임을 해 주는 환자에게 오히려 감사하게 생각해야 한다. 클레임은 컴플레인과 다르게 객관적인 문제점에 대한 지적이기 때문에 환자 개인의 주관적인 기분 나쁨의 표현이 아니라는 것이다. 앞으로의 발전을 위해 시간 내서 에너지를 소비해가며 표현해 주는 것이기 때문에 그 순간을 무작정 피하려하지 말자.

대면한 상태보다 보통은 전화로 시도하는 경우가 많다. 그렇기 때문에 클레임전화를 받았다면 사과보다 중요한 건 바로 경청이다. 뭐가 잘못된 것인지도 모르고 무작정하는 사과는 진정성이 없다. 연인 간의 싸움에서 남자를 가장 곤란하게 만드는 질문은 "뭘 잘못했는데?"라고 한다. 마찬가지로 진심이 아닌 사과는 오히려 환자를 분노하게 만든다.

끝까지 경청 후에 해당 클레임에 대한 대응책이 마련이 되어 있다면 매뉴얼대로 대응하거나 해결책을 환자에게 확인하는 것도 좋다. 클레임환자를 컴플레인 환자로 만들지 않으려면 경청 후에 진정성 있는 사과와 대응태도가 중요하다. 환자는 병원의 그런 모습을 보면서 진정성을 느끼고 부정적인 감정이 누그러지는 것이다.

클레임 대처 후에는 지난 일을 잊는 게 아니라 모든 직원들과 클레임 내용을 공유하고 앞으로 개선방향에 대해 논의하는 생산적인 회의를 갖도록 하자. 이때 응대를 잘못한 직원을 찾거나 클레임이 생기지 않게 잘하자는 해결책은 옳지 않다. 클레임이 발생될 수밖에 없는 시스템적인 문제를 찾아 해결해야 한다.

능력 있는 실장은 직원들이 본인만 찾게 만드는 게 아니라 실장이 없어도 병원에 지장이 없게 만들 수 있는 사람이다.

컴플레인 응대 매뉴얼

1. 장소와 응대자 변경

즉각 실장이나 원장 호출한다

조용히 말할 수 있는 상담실이나 VIP룸으로 환자를 안내한다

따뜻한 물 한잔 드리고 진정할 수 있게 돕는다

2. 경청하고 인정하기

무조건 그의 말을 들어준다. 환자가 말하는 도중에는 절대로 끼어들지 않는다

중간중간 추임새를 넣는다

- "아 그러셨구나..", "네... 그러실 수 있죠.. 충분히 이해합니다."

최종적으로는 죄송하다고 사과를 드린다.

3. 해결방안 모색

해결방법을 찾는다

- 단, 이때 "우리 병원 지침상 이건 불가능해요."라는 말은 하지 않는다. 지침보단 환자의 다친 마음을 어루만져주는 것이 중요하다

최대한 방법을 찾고 고심하는 인상을 준다

그럼에도 방법이 이것 뿐이라 죄송하다는 말을 한다

- "지침이 이래서요."라는 말보다는 "최선을 다해 찾아봤고 이런 방법이 있다."가 훨씬 좋으며 혹시 원하는 바가 있는지도 물어본다

중요한 것은 환자의 다친 마음을 어루만지고 손해봤다는 기분이 들지 않게 하는 것이다

실질적으로 아무것도 해줄게 없다고 해도 그것 또한 환자가 선택할 수 있게 하는 것이 중요하다

4. 고마운 마음 전달하기

대부분의 불만 고객은 불만을 표출하지 않고 떠나버리는 경우가 많지만 번거로움을 무릅쓰고 표출해주어 개선할 수 있는 기회를 준 환자에게 고마운 마음을 전달하자

- "번거로우셨을 텐데 이렇게 말씀해주셔서 진심으로 감사합니다", "개선해야할 사항을 시간 내어 알려주셔서 감사합니다."등

결국 우리 병원의 충성고객으로 돌아설 수 있게 하는 게 중요하다

그림 3. 컴플레인 응대 매뉴얼 예시

복잡한 수납관리 쉽게 하는 팁

치과에서 환자와의 모든 접점에서 최선을 다해야 함이 맞지만 특히나 수납 접점에서 오류가 생기면 신뢰가 왕창 깨질 수 있다. 그렇기 때문에 환자의 수납내역을 잘 기록해 놓는 건 물론이고 가장 중요한 두 가지 안내를 미리 해야 한다.

첫 번째는 진료 전 상담을 진행할 때 수납시점을 안내해야 한다. 의료보험 항목의 진료는 당일 진료를 끝낸 뒤 치과건강보험 청구를 통해서 본인부담금액이 산정이 되면 당일 수납을 해야 하는 게 원칙이다. 보험진료 본인부담금액을 할인해 주거나 면제를 해 주는 건 명백히 불법이지만 아직도 행해지는 곳이 많은 듯하다.

> 의료법 제27조 제3항(무면허 의료행위 등 금지)
> 누구든지 「국민건강보험법」이나 「의료급여법」에 따른 본인부담금을 면제하거나 할인하는 행위, 금품 등을 제공하거나 불특정 다수인에게 교통편의를 제공하는 행위 등 영리를 목적으로 환자를 의료기관이나 의료인에게 소개·알선·유인하는 행위 및 이를 사주하는 행위를 하여서는 아니 된다.

우리의 권리는 우리가 찾아가는 것이기 때문에 진료안내를 하면서 보험진료비수납도 꼭 설명하여 수납을 받아야 한다. 그나마 다행인 건 치과에서 보험진료비는 수술을 하거나 하루에 많은 양의 진료를 하는 게 아니라면 최대 3만 원을 넘는 경우가 많지 않다. 문제는 비보험 진료비수납 시에 일어난다.

A병원에서는 비보험 진료가 시작되는 첫날의 진료비는 완납해야 하는 원내규칙이 있는데, 상담단계에서 설명을 듣지 못한 환자는 본인이 생각한 적당한 진료비만을 결제하게 된다. 보철치료나 임플란트 치료 시에 단계마다 진료 정도에 따라 결제금액을 나눠서는 수납 받는 B치과도 마찬가지로 미리 수납시점을 설명해야 한다. '임플란트 수술을 하는데 당연히 ○○만 원은 결제해야 한다.'라는 건 없다. 그 당연함은 병원의 직원들에게만 당연한 것이다. 수납 시 총 결제금액만을 설명하는 게 아니라 어느 시점에 얼마를 수납해야 하는지를 미리 설명하고 진료를 진행하는 중에 내원 예약을 잡으면서 다음 진료 시에 결제금액을 미리 언급한다면 수납 때문에 서로 언쟁해야 하는 걸 피할 수 있을 뿐더러 미수납에 대한 걱정도 덜 수 있다.

❖ 임플란트 총 진료비 _____ 만원

임플란트(_____ 만원) * _____ 개   비용 _____ 만원
인공보철(_____ 만원) * _____ 개   비용 _____ 만원

치조골이식술(_____ 만원) * _____ 부위   비용 _____ 만원
상악동거상술(_____ 만원) * _____ 부위   비용 _____ 만원

❖ 수납은 아래와 같이 정해진 단계에 따른 %를 확인해주세요.

수술 당일 : 해당 진료비의 70%

보철을 위한 인상채득 시 : 나머지 30% 완납

그림 4. 임플란트 수납안내서 예시

그림 5. 진료비 환불 안내서 예시

 두 번째는 환불규정에 대해 안내하는 것이다. 치과에서는 환불 절차가 많지는 않지만 이사 등으로 인한 진료 중단이나 진료 중 단순변심에 의한 환불이 이따금씩 발생하고 있다. 물론 그런 일이 없도록 해야겠지만 가끔 있는 일에도 대비를 할 수 있는 건 다름 아닌 환불규정이다. 특히나 진료 중에 환자가 환불을 원할 때 진료비 전액을 환불하는 게 아닌 중단하기 전까지는 진료에 대해서는 정당하게 치료비를 요구할 수 있으려면 환불규정을 미리 상담실이나 데스크에서 안내될 수 있도록 자료를 비치해야 한다.

 환자와 병원이 생각하는 수납시점과 금액이 다른 것처럼 환자가 생각하는 환불 정도와 실제 병원에서 규정하고 있는 환불 정도에는 차이가 있다. 논란을 줄이기 위해서는 병원의 원내규칙을 먼저 알려야 하는 것이다. 진료를 시작하는 환자에게 환불을 먼저 이야기해서 오히려 분란이 일어날 것에 대한 걱정은 접어 두자. 환불 규정을 듣지 못했을 때보다, 사전에 안내받았을 때 환자의 표정을 더욱 편안해짐을 느낄 수 있을 것이다.

수납만 잘 이뤄졌다고 해서 자유로워지는 것은 아니다. 일 년 동안의 진료를 마치고 수납한 모든 자료를 구세청에 전송해야 할 때가 온다. 바로 매년 1월 첫째 주에 진행해야 하는 연말정산이다. 수납을 복잡하게 기록해 두었을 경우 자료 수정에 많은 시간을 할애해야 한다. 내가 정말 힘들었던 연말정산은 모든 교정환자들의 원비와 장치비 등을 일일이 클릭해서 선택해지를 해야 했던 때이다. 여러 명이 수납을 담당했기 때문에 비보험 수납금을 입력하는 방식 또한 제각각이었다. 연말정산에서 제외되는 치료비용은 미용·성형수술을 위한 비용으로 대표적으로 치아교정, 미백, 라미네이트가 해당된다. 매달 교정 진료를 하면서 교정비를 별도의 카테고리로 관리했던 것이 아니라 1월, 2월…… 등으로 입력하는 사람이 있던가 하면 1월비, 2월비……, 1월교정, 2월교정…… 등으로 입력했기 때문에 항목마다 제외시켰던 것이다.

이처럼 금액만 잘 입력하는 것이 아니라 연말정산을 대비해서 세액공제항목은 하나의 카테고리로 구분하여 헛고생하지 않도록 해야 한다. 요즘 치과에서 덴트웹 프로그램을 사용하는 이유도 이런 것에 있다. 이미 카테고리가 잘 설정이 되어있기 때문에 그대로만 사용하더라도 연말정산뿐만 아니라 통계를 내서 보기에도 편하기 때문이다. 그렇다고 덴트웹으로 프로그램을 변경할 필요는 없다. 지금 사용하는 프로그램이 두 번에·하나로, 아이프로라도 카테고리부터 설정을 해 본다면 병원에 맞는 시스템을 하나씩 갖춰 갈 수 있을 것이다.

이번 생에 실장은 처음이라

펴 낸 날 1판 1쇄 2021년 6월 23일

지 은 이 구민경
펴 낸 이 양경철
편집주간 박재영
편   집 배혜주

발 행 처 ㈜청년의사
발 행 인 이왕준
출판신고 제313-2003-305호(1999년 9월 13일)
주   소 (04074) 서울시 마포구 독막로 76-1(상수동, 한주빌딩 4층)
전   화 02-3141-9326
팩   스 02-703-3916
전자우편 books@docdocdoc.co.kr
홈페이지 www.docbooks.co.kr

ISBN 978-89-91232-94-5 (03320)

책값은 뒤표지에 있습니다.
잘못 만들어진 책은 서점에서 바꿔드립니다.